작은 돈으로 큰 병 막는
의료통장

작은 돈으로 큰 병 막는
의료통장

| 우용표 지음 |

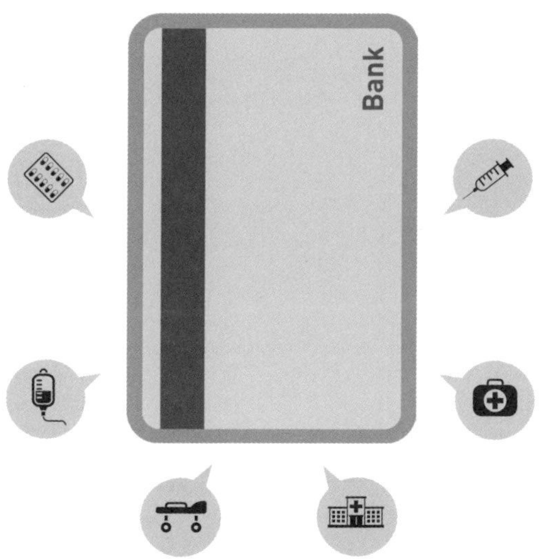

위즈덤하우스

노후자금과는 별도의 의료통장이 필요하다

나이는 숫자에 불과하다고 한다. 맞는 말이다. 하지만 어느 순간이 되면 나이가 숫자가 아닌 짐으로 느껴지면서 버거워질 때가 있다. 아플까 걱정이고 또 나이 들어 자식들에게 부담을 지울까 미리부터 걱정인 것이다.

기대수명이 점점 높아지면서 노후자금의 필요성과 그에 대한 대비는 어느 정도 하고 있으리라 본다. 하지만 노후자금에서 반드시 따로 떼어서 마련해야 할 자금이 있는데, 바로 의료비가 그러하다. 나중에 아파서 병원에라도 가게 되면 가장 큰돈이 들어가는 비용이 바로 의료비이기 때문이다. 그렇기에 의료비는 노후자금과는 별도로 따로 통장을 마련해둘 필요가 있다.

지금의 우리 사회는 푸어(poor) 공화국이라고 할 만하다. 집이 있어도 가난한 사람을 일컫는 하우스푸어부터 시작하여 웨딩푸어, 워킹푸어, 실버푸어, 베이비푸어 등 각기 다른 종류의 푸어가 사회 문제로 부각된 지 오래다. 하지만 일상생활 중에는 가정의 경제상황이 나빠질 경우 힘들더라도 지출을 줄이면 어느 정도는 대처가 가능하고 하우스푸어, 워킹푸어, 웨딩푸어 등의 경우 벗어날 수 있는 방법이 조금씩은 있다. 하우스푸어의 경우에는 집을 처분하는 방법을, 워킹푸어는 더 좋은 직장을 찾아 나서거나 소비를 줄이는 방법을 택할 수 있다. 하지만 '메디푸어(medi-poor)'는 이러한 최소한의 선택권도 주어지지 않는다. 몸은 아픈데 돈이 없다고 수술비를 줄이거나 약값을 줄일 수는 없기 때문이다. 고령화 사회와 의료비 급증으로 인하여 앞으로 메디푸어의 문제는 점점 더 심각해질 것으로 보인다.

그나마 의료비 급증과 같은 현실은 어느 정도 예측이 가능한 문제인 데 반해 언제 어디서 누가 질병에 걸리거나 사고를 당하게 될지 아무도 알 수 없고 또 예측할 수도 없다. 평생 흡연을 해도 건강하게 오래 사는 사람이 있는 반면에 흡연 자체를 하지 않아도 폐암으로 고통 받는 사람이 있다.

우리가 운전할 때를 생각해보면, 스스로 방어운전을 할지라도 술 취한 운전자나 졸음 운전자가 중앙선을 넘어 나에게 돌진해오는 경우는 어찌할 도리가 없다. 분명 내 잘못은 없다. 하지만 사고는 발생한다. 이처럼 생각지도 못하고 예측하지도 못한 상황에서 불행이 닥칠 가능성이 항상 우리 주위에 존재한다는 사실이 메디푸어가 더욱 위험한 이유이다.

갑자기 닥쳐온 위급상황으로 인하여 차곡차곡 모아오던 결혼자금, 주택자금을, 또 전세금을 올려주기 위해 준비해놓은 돈을, 차를 바꾸려고 모아오던 돈을 의료비로 고스란히 지불해야 한다면 속수무책일 수밖에 없다. 의료통장을 준비하지 못했다면, 결혼을 하고, 전세금을 올려주고, 차를 바꾸려 했던 인생의 계획들이 모두 어그러지고 당장의 생계까지 막막해지게 된다.

의료통장은 이러한 불행의 씨앗이 움트지 못하도록 막기 위해 독자 여러분에게 제시하는 장치이자 도구다. 의료통장이 비록 병원에 갈 일이 없도록 사고를 미연에 방지하거나 건강을 지켜주지는 못할지라도 인생에서 불행한 일이 발생할 때 적어도 의료비 때문에 지금까지 꿈꿔왔던 인생을 희생시키지 않도록 준비시켜주는 역할은 충분히 할 수 있다.

우리는 지금까지 열심히 달려왔다. 의료통장 마련 프로젝트는 이렇게 열심히 살아온 우리가 앞으로도 계속해서 잘 살 수 있도록 만들어줄 것이다. 당신이 꿈꾸는 행복한 삶, 성공한 삶을 이루어나가는 데 걸림돌이 되는 의료비에 대한 고민을 의료통장으로 대비하기 바란다.

이 책은 크게 4파트로 되어 있다. 첫 번째 파트에서는 의료비에 대해 기초적으로 알아야 할 점과 의료통장을 준비해야 할 필요성에 대해 객관적인 근거를 들어 설명한다. 두 번째 파트에서는 의료통장 마련 전에 의료비 관련 제반사항을 점검해본다. 그리고 세 번째 파트에서는 의료통장 마련에 필요한 액션 플랜과 어떻게 의료비를 마련하고 유지해 나갈지 그 방법을 알려준다. 마지막으로 의료통장이 갖춰야 할 필수 조건들과 소득공제, 세액공제에 대하여 다시 점검할 시간을 가질 것이다.

나중에 아프면 어떻게 될까라는 걱정과 불안감을 갖고 있는 사람이라면 의료통장을 통해 걱정의 많은 부분을 해소할 수 있을 것이다. 그리고 다행히도 의료통장에 필요한 자금으로는 금융회사에서 이야기하는 노후자금처럼 몇 억 원이 필요한 것도 아니고 지금 당장 목돈이 필요한 것도 아니다. 그렇기 때문에 지금부터라도 조금씩 준비해 두면 훗날 의료통장 덕을 톡톡히 보며 의료비 걱정을 하지 않게 되리라고 필자는 자신한다.

자동차는 아무리 엔진이 좋아도 타이어에 난 작은 구멍 하나가 차를 멈추게 만들고 아무리 큰 배라도 배에 구멍이 뚫리면 가라앉게 된다. 인생의 큰 목표를 설정하고 재무목표를 세울 때 의료비 지출이라는 구멍을 막겠다는 심정으로 '의료통장'이라는 작은 노력에서 시작하기 바란다.

이 책이 나오기까지 도와주신 분들이 많다. 자신의 이야기를 책에 담아도 된다고 허락해준 동기생인 한성대학교 박사과정의 김종황, 김재열 원우에게 감사하다. 또한 금융과 보험 관련 자료를 함께 검토해준 메트라이프 생명보험의 한충회 부지점장에게도 감사의 인사를 드린다.

매일 아침 2시간 동안 필자의 저질 체력을 향상시켜주기 위해 노력해주신 S복싱스쿨 코치님께도 감사하다. 샌드백을 치다가 힘들다고 주저앉는 필자에게 쉬지 말고 계속 스텝을 밟으라며 소리를 질러주시는 고마운 분이다.

중년에 접어드니 가족의 소중함을 더욱 느끼게 된다. 항상 옆에서 응원해주고 믿어주는 아내 박정희와 사랑스런 딸 우하영에게도 고맙다.

끝으로 이 모든 기회를 허락해주신 하나님께 가장 큰 감사와 영광을 드린다.

2013년 여의도에서

01

의료통장 왜 따로 준비해야 하는가

02

의료통장 갖기 전에 점검해볼 것들

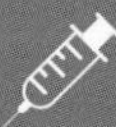

01

의료통장
왜 따로
준비해야 하는가

Bank

의료통장 있습니까

삶, 인생을 영어 단어로 하면 LIFE이다. LIFE라는 단어의 중간 글자를 따로 떼어 보면 'IF'가 된다. 단어의 중간에 IF가 있다는 것은 삶의 중간에도 수많은 '만약'이 존재한다고 해석할 수 있지 않을까? 이 책의 주제인 의료통장은 인생의 수많은 '만약' 가운데 예기치 못한 하나의 문제에 대한 해답이다. '의료통장 있습니까?'라는 질문에 자신 있게 답할 수 있다면 분명 당신은 남들의 부러움을 받으며 앞으로 든든한 삶을 지켜나갈 수 있을 것이다. 그렇다고 '아직 제대로 준비하지 못했다'는 생각이 든다 할지라도 불안해할 것 없다. 이제부터 차근차근 준비해나가면 된다.

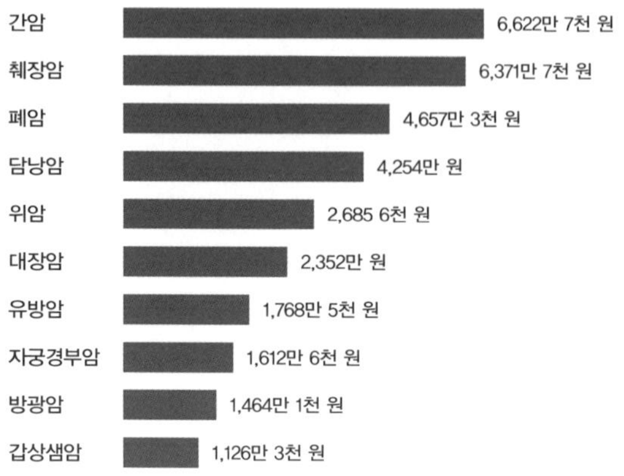

▲ 출처: 국립암센터

필자에게는 여러분에게 다가올 만약의 위험을 줄여준다거나 위험을 없애줄 만한 능력이 있지는 않다. 하지만 의료비와 관련하여 위험을 마주하게 되었을 때에 당황하지 않을 수 있도록 준비시켜 드릴 수는 있다.

국립암센터 자료에 의하면 주요 암에 따른 1인당 부담해야 하는 의료비용은 위와 같다. 이 자료를 보면 먼저 의료비에 대한 두려움이 앞설 것이다. 오래 사는 것이 걱정이고 위험인 지금, 다음의 'if'에 얼마나 준비가 되어 있는지부터 점검해보자.

첫 번째 IF, 병원에 안 갈 수 있다면?

가장 행복한 경우는 말할 것도 없이 병원에 갈 일이 없는 것이다. 감기 한 번 걸리지 않고 건강하게 노년을 보내는 사람들이 실제로도 많기 때문에 전혀 가능성이 없다고는 할 수 없다. 특히 폐암의 경우, 담배를 몇십 년 태웠어도 폐암과는 상관없이 건강한 분들이 있다.

만약 이 책을 읽는 독자 중 앞으로 인생에서 병원에 갈 일이 전혀 없다고 자신한다면 의료통장을 따로 준비할 필요는 없다. 그런데 내일 무슨 일이 생길지 모르는 상황에서 본인이 자신한다고 건강하게 살아갈 수 있다고 장담할 수 없다.

두 번째 IF, 병원비가 이미 충분하게 준비되어 있다면?

만일 통장에 이미 병원비가 충분히 쌓여 있다면, 이 역시 의료통장을 따로 만들 필요가 없다. 이미 준비되어 있는데 따로 준비할 필요가 뭐 있겠는가. 하지만 어느 정도의 자산이 확보되어야 의료통장으로 충분하다고 말할 수 있을까? 사실, 이 부분이 고민이다. 큰 병을 얻었다고 해도 지금 기준으로 최대 400만 원을 넘는 금액은 건강보험에서 지원해주고 있으니 병원비는 연간 400만 원만 있으면 된다. 비급여 항목(의료보험 혜택을 받을 수 없는 치료 항목)이 있다고는 해도 배보다 배꼽이 클 수는 없을 테니 조금은 넉넉하게 잡아 연간 800만 원만 있으면 될 것 같다. 그럼 연간 1,000만 원 정도의 여유자금이 있다면 병원비가 충분하게 준비되어 있다고 할 수 있을까? 우선은 그렇다고 볼 수 있다. 넉넉하게 잡아 연 1,000만 원이면 병 치료에 필요한 의료통장은 준비되었다고 할 수 있다.

물론, 여기서의 의료비는 순수하게 질병 치료에 드는 비용만 말하는 것이다. 병을 치료하는 동안 들어가는 환자 가족의 생활비나 질병 치료 후 다시 재취업을 위해 환자 본인에게 필요한 기간과 비용은 고려하지 않은 것이다. 이러한 사실을 미루어 짐작하건대 1,000만 원이라는 목돈은 '병원비'만을 감당하는 수준이고, 보이지 않게 숨어 있는 비용은 따로 있다는 것을 발견하게 된다.

질병으로 인해 치료를 받을 때 잠깐 동안만 치료를 받는다면 상관없지만 치료가 장기간에 걸쳐 진행될 경우, 직장에서의 자리가 보장된다는 법이 없다는 사실을 고려해야 한다. 그렇기 때문에 치료비만 감당되는 수준의 금액만 필요한 것이 아니라는 점도 염두에 두어야 한다.

세 번째 IF, 아무것도 준비된 것이 없다면?

따로 준비된 것이 없음에도 아직까지 의료비가 크게 들어가지 않았다면 정말 다행이다. 신의 따뜻한 가호를 받아 운이 좋았다고 할 수 있다. 하지만 인생에서 운이 항상 따른다 할 수 없고, 또 만일의 경우를 대비하지 않을 수 없다.

　필자는 아직까지 여러분에게 아무 일이 없었던 것처럼 앞으로도 여러분에게 아무 일이 없기를 바란다. 하지만 만의 하나 의료비가 필요할 경우를 대비하면 어떨까 한다. '의료통장'이라는 별도의 통장을 준비하여 '위험'을 관리하자는 것이 이 책의 집필 목적이다. 의료통장이 왜 필요한지 그리고 어떻게 준비하고 얼마만큼의 금액을 마련해야 하는지 살펴보자.

- 병원에 안 가는 것이 최고다.
- 병원비를 위한 의료통장에는 병원비 외에도 준비할 것이 많다.
- 지금부터 준비하면 된다.

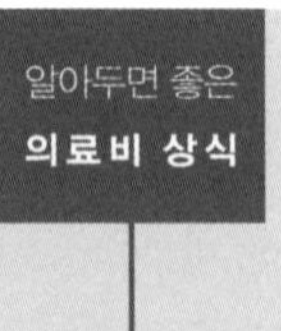

포괄수가제

가끔 언론에서 포괄수가제(DRG: Diagnosis Related Group Payment System)에 대한 뉴스를 본 경험이 있을 것이다. 의사협회에서는 포괄수가제에 반대하는 의미로 "우리 앞으로 수술 안 합니다"라고 선언도 하고, 전국전공의대표자회의에서 포괄수가제 반대 결의문을 채택하기도 했다. 정부는 추진하려고 하고 의료계에서는 아직은 시기상조라고 하는 것인데, 도대체 포괄수가제가 무엇이기에 이토록 논란을 불러일으키는 것일까?

포괄수가제란 치료과정이 비슷한 입원 환자들을 분류하여 일련의 치료행위를 모두 묶어서 하나의 가격을 매기는 의료비 지불방식으로 일종의 '입원비 정찰제'라고 할 수 있다(보건복지부, 포괄수가제 오해와 진실, p.3 참조).

포괄수가제 대상 질환은 다음과 같다.

- 안과: 백내장수술(수정체 수술)

- 이비인후과: 편도수술 및 아데노이드수술

- 외과: 항문수술(치질 등), 탈장수술(서혜 및 대퇴부), 맹장수술(충수절제술)

- 산부인과: 제왕절개분만, 자궁 및 자궁부속기(난소, 난관 등)수술(악성종양 제외)

찬성하는 입장에서는 기존의 행위별수가제의 경우 불필요한 검사, 중복된 검사로 인해 필용 이상으로 비용이 많이 들어가기 때문에 포괄수가제를 통해 의료비 부담이 줄어든다는 장점을 지지한다. 포괄수가제는 과잉 검사나 항생제 남용을 줄여 국민건강권이 더욱 보호될 것이라는 기대를 가지고 있는 것이다.

〈 포괄수가제 적용에 따른 환자 부담금 변화 〉　　　　(단위: 원, 괄호 안은 증감률)

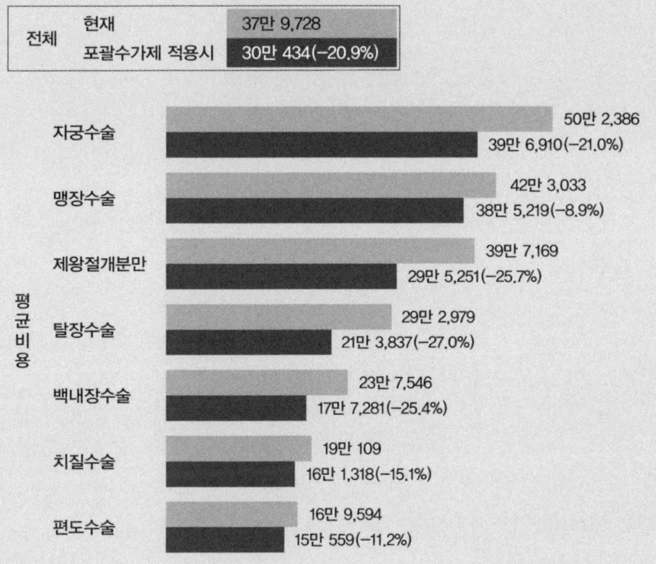

▲ 출처: 보건복지부(2012년)

하지만 포괄수가제를 반대하는 입장에서는 의료의 질이 떨어질 수 있다는 이유를 든다. 잘해도 같은 비용, 못해도 같은 비용을 받는 입장에서는 환자의 치료에 정성을 다하지 않을 가능성이 있다는 것이 반대 입장의 주요 논리다. 물론 인술을 펼치는 의사들이 불경스럽게 돈 안 되는 의료행위에 무신경할 것이라고는 생각하진 않지만, 더 싼 약을 쓰거나 덜 신경을 쓰더라도 같은 병원비를 받아야 한다면 자본주의의 생리상 의료의 질이 떨어지게 된다는 것이다. 소비자 입장에서는 포괄수가제에 대해서는 일종의 '공동구매'로 보면 이해가 쉬울 것으로 보인다. 비슷한 질환을 묶어서 가격을 책정하는 것이니 크게 틀리지는 않을 것으로 보이는데, 우려되는 것은 역시 의료의 질 문제다.

중요한 것은 건강한 삶이다

세계보건기구(WHO)는 2013년 한국인의 기대수명은 평균 81세(남자 77세, 여자 84세)라고 발표했다. 곧 100세 평균수명의 시대가 올 것이다. 하지만 오래 사는 것이 결코 반갑지만은 않다. 건강하게 100세를 산다면 더 없이 반갑고 행복하겠지만 그렇지 않은 경우 걱정과 두려움이 앞설 수밖에 없다. 옛날 할아버지 할머니들께 세배 드릴 때 "오래 오래 사세요"라고 했었는데 그 세배가 실제로 이루어져서 이제 우리 할아버지 할머니들은 오래 오래 사실 수 있게 되었다. 그런데도 이렇게 근심스러운 마음이 한쪽 구석에 남아 있는 이유는 무엇일까?

2011년 5월에 미래에셋퇴직연금연구소에서 의미 있는 보고서를 발표했다. "은퇴 후 건강 기간은 얼마일까?"라는 주제를 다룬 보고서인데 의료통장과 관련하여 참고할 만한 내용이 많다(미래에셋퇴직연금연구소, 〈미래에셋 은퇴다이제스트〉, 2011년 5월 16일, 김종욱 연구원의 보고서 참조).

아직은 100세 시대, 고령화 사회라는 것이 피부에 와 닿지 않는 것이 현실이다. 왜냐하면 "우린 아직 젊기에" 그러하다. 이 책을 읽고 있는 분들도 지금 당장 병원에 입원해야 한다거나 은퇴가 눈앞에 와 있는 상황은 아닐 것이다.

미국의 저명한 소설가 윌리엄 깁슨이 말한 것처럼 "미래는 이미 와 있다. 단지 널리 퍼져 있지 않을 뿐이다(The future is already here. It's just unevenly distributed)." 100세 시대, 고령화 사회는 이미 우리 앞에 와 있다. 아직 우리가 실감하지 못할 뿐이다. 지금 이 책은 현재의 당신이 아닌 60세, 70세가 될 미래의 당신을 위한 책이다.

은퇴 기간의 구분

2040년이나 2050년에는 은퇴 연령이 어떻게 정해질지 아직 미지수다. 혹시 아는가. 그때는 과감하게 "정년은 100세까지! 그리고 모든 의료비는 무조건 무상으로!"라는 선언과 함께 법과 제도가 만들어질지도 모르지 않겠는가. 그렇게만 된다면 지금 논의하고 있는 은퇴,

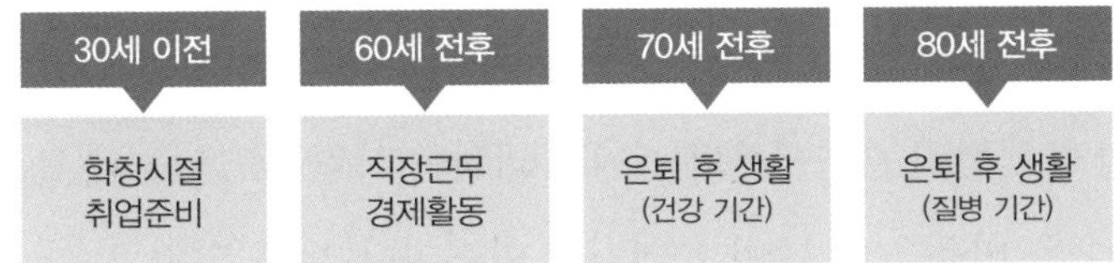

건강, 의료비에 대한 고민은 싹 사라질 것이다. 하지만 그런 일은 일어나지 않으리라는 현실적인 관점에서 은퇴 기간에 대하여 함께 살펴보자.

우리의 평균적이면서 보통의 삶을 시간순으로 정리해보면 다음과 같다.

30세 이전까지는 학창시절과 취업준비

지금은 취업문이 좁아져서 대학도 4학년에 끝나는 것이 아니라 5학년, 6학년까지 다녀야 하는데 중간에 어학연수도 다녀오고 해외봉사 활동까지 다녀와야 하는 것이 최근 취업 준비생들이 겪는 기본 과정이다. 물론 약간의 차이는 있겠지만 30세 이전까지는 학업을 마치고 취업을 준비하는 시기로 볼 수 있다. 이 시기에는 의료비가 크게 들어갈 일이 사실 없다.

60세 전후까지는 직장근무 및 경제활동

60세 이전까지는 직장에 근무하거나 자영업을 통해 경제활동을

한다. 이 시기에 필요한 의료비는 얼마나 될까? 교통사고나 안전사
고가 아니면 특별히 병원 신세를 질 일은 없을 것이다. 하지만 최근
에는 젊은 층에서 암 발병률이 빠르게 늘고 있어 안심할 수만은 없
다. 간혹 질병이 발견될까봐 검진을 피하는 사람들도 있는데 늦게 발
견할수록 비용은 더 많이 들어가게 마련이다. 매도 먼저 맞는 게 좋
다는 생각으로 건강 검진에 적극적으로 임해 큰 병 되기 전에 발견하
여 병을 치료하는 것이 현명하다.

은퇴 후 생활(건강 기간)

은퇴 이후 70세 전후까지 비교적 건강하게 생활할 수 있는 10년
정도를 가리킨다. 즉, 은퇴 이후 10년 정도는 질병이나 부상의 위험
이 비교적 적은 기간으로 볼 수 있다. 다시 말하면 70세까지는 특별
한 질병이 발생하지 않는 이상 건강하게 살아갈 수 있다. 물론 술, 담
배, 식습관에 따른 개인차는 있다.

은퇴 후 생활(질병 기간)

본격적으로 여기저기 아프기 시작하는 때이다. 이 시기엔 거동이
불편해서 따로 간병을 받아야 한다. 효자, 효녀를 두었다는 사실 등
을 고려하지 않고 내가 50년 후에 아프다면 과연 누가 간병해줄지
생각해보았는가. 병원비와 함께 간병비도 미리 마련해놓아야 할 이
유가 여기 있다. 참고로 현재까지는 간병인에 대한 비용은 건강보험
에서 지원이 되지 않는 항목으로 순수하게 환자와 그 가족의 주머니

에서 나가게 되어 있다.

은퇴 후 건강 기간 분석 프로세스

앞서 언급했던 미래에셋퇴직연금연구소 보고서의 일부 내용을 요약하면 아래와 같다.

OECD에 따르면 주된 일자리에서 물러나는 정년퇴직 연령을 '공식퇴직연령(official retirement age)'으로, 노동시장에서 완전히 떠나는 연령을 '실질은퇴연령(effective retirement age)'으로 발표하고 있다. 또한 '건강수명(healthy life expectancy at birth)'이 세계보건기구의 연례 보고서를 통해 발표되고 있는데, 전체 평균수명에서 질병이나 부상으로 고통 받는 기간을 제외하고 건강한 삶을 유지한 기간을 의미한다(《미래에셋 은퇴다이제스트》 No.2. 2011년 5월 16일, 2쪽 참조).

즉, 은퇴 이후 맞이하는 총 은퇴 기간의 절반 정도는 건강 기간이고 나머지 절반은 질병 기간이라는 뜻이다. 그래서 동 보고서에서는 아래와 같이 정리하고 있다.

- 건강 기간: 은퇴 시점(공식퇴직연령)부터 건강수명까지의 기간
- 질병 기간: 건강수명부터 사망 시점(평균수명)까지의 기간
- 총 은퇴 기간: 은퇴 시점(공식퇴직연령)부터 사망 시점(평균수명)까지의 기간

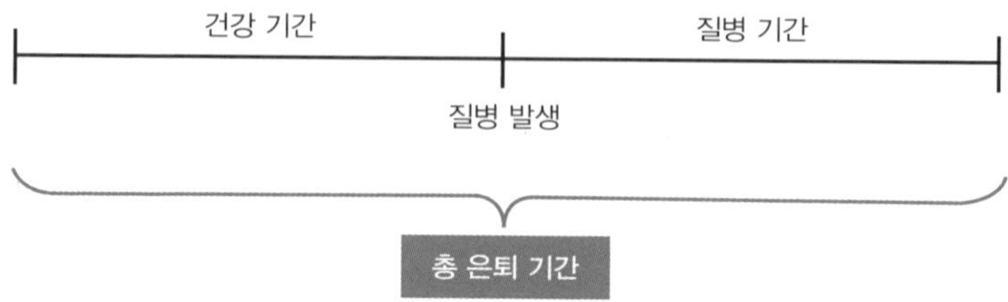

이러한 점을 보면 당연히 건강 기간이 길어져야 좋다는 것을 알 수 있다. 참고로 2007년 조사된 내용에 따르면 한국인은 평균적으로 60세 은퇴 이후 11년간 건강 기간, 9년간의 질병 기간을 거쳐 80세에 사망하는 것으로 나타났다.

이는 인생의 10분의 1 이상이 아픈 기간이라는 말이다. 인생에서 잠자는 시간, 먹는 시간을 빼고 나면 별로 남는 시간도 없는데 여기에 10퍼센트 이상이 아픈 시간이라니, 건강한 오늘 하루가 얼마나 소중한지 새삼 느껴진다.

통계청 자료를 보면, 2012년 2분기에 가구주 연령이 60세 이상인 가구의 전체 소비자 지출 가운데 보건비가 차지하는 비중은 10.9퍼센트였는데 40대 미만이 6.4퍼센트인 것에 비해 1.7배나 높은 수치다. 이 수치를 기준으로 봐도 연령이 높아지는 만큼 이에 비례해서 보건비가 높아진다는 것을 확인할 수 있다.

의료기술이 발달하고 식습관도 좋아지고 위생도 좋아져서 평균수명은 점점 늘어나고 있다. 2013년 기준으로 81세가 평균수명이지만 수명은 계속해서 증가하여 '평균수명 100세 세상'이 눈앞에 펼쳐질 것이다. 100세 시대에 대한 반가움과 함께 두려움이 앞설 수밖에 없다.

그렇다면, 당신의 은퇴 기간은 어떻게 보낼지 생각해보았는가?

지금 근무하고 있는 직장에서 몇 살까지 근무할 수 있을 것 같은지, 그리고 60세까지 경제활동을 하려면 어떻게 해야 할지가 '은퇴 이전' 고민이라면, 은퇴하고 나서 무엇을 하면서 건강 기간을 보낼지가 은퇴 이후의 첫 고민이다. 그리고 어떻게 질병 기간을 보내야 할지가 은퇴 이후의 마지막 고민이 될 것이다. 이러한 질문들에 대해 충분히 생각해보고 준비가 되어 있는가.

- 젊어서는 병원비가 크게 나갈 일은 없다.
- 은퇴 이후엔 병원에 갈 일이 많아진다.
- 의료비를 미리 준비해야 가정 경제가 지켜진다.

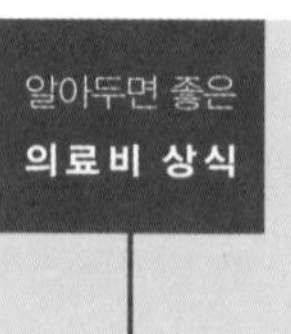

백혈병 치료제
글리벡의 가격

한국인 입양아로 미국의 공군사관생도였던 성덕 바우만은 1996년 백혈병으로 투병하다가 온 국민의 사랑과 관심 속에 성공적으로 골수이식(조혈모세포)을 받아 기적적으로 백혈병을 이겨낸 감동적인 이야기의 주인공이다.

그 당시엔 백혈병에 대한 유일한 치료법이 골수이식을 받거나 항암주사를 맞는 것이었기 때문에 희박한 확률의 적절한 기증자를 찾아서 수술을 하지 않는 이상 백혈병은 완치할 수 없는 불치병으로 인식되었다.

지금은 상황이 달라졌다. '치료 약물'이 지속적으로 나왔기 때문이다. 2001년 우리나라에 도입된 치료제 '글리벡'은 '만성골수성백혈병' 환자들에게 '기적의 약물'과도 같았다. 치료 직후 1년 생존율이 무려 90퍼센트가 넘었기 때문에 백혈병은 더 이상 불치병이 아니게 되었다. 독한 항암주사를 맞거나 골수이식이 아니더라도 병을 이겨낼 수 있게 된 것이니 백혈병 환자와 그 가족들에게 글리벡의 존재는 감사한 정도를 넘어서는 것이었다.

그런데 문제는 가격. 초기 도입될 때엔 건강보험 적용이 되지 않아 하루 4정을 복용해야 하는 약값이 1정에 2만 5,000원이었다. 즉 하루치 약값이 10만 원, 한 달이면 300만 원의 약값이 필요했다. 건강보험의 적용을 받아 본인부담금이 20퍼센트만 되는 경우엔 약값은 한 달에 60만 원 정도였는데 초기 백혈병 환자, GIST환자, 소아백혈병환자에게는 건강보험이 적용되지 않아 논란이 있었다. 한 달 300만 원이라는 큰돈이 약값으로만 들어가야 했기 때문이다.

이러한 약값 논란은 우여곡절을 겪고 나서 현재는 원래의 글리벡 가격도 낮아지고 건강보험에서 95퍼센트까지 부담해주게 되었다. 여기에 더해 신약의 특허도 2013년 6월 3일부터 만료되어 복제약이 나오게 되었기 때문에 환자 부담금은 크게 줄어들어 최소 월 2만 1,000원 정도로 약을 복용할 수 있게 되었다. 그런데 글로벡 제조사인 노바티스가 보건복지부를 상대로 정부의 약값 인하 조치를 취소해달라는 소송을 걸어 2013년 9월에 승소하였다. 향후 글리벡 가격은 판결의 영향을 받을 것으로 예상된다.

〈백혈병 치료제 글리벡 약값 추이〉 (단위: 원)

회사	제품명	하루 복용량	보험 약값	전체 약값 (1달 복용)	환자 부담금 (1달 복용)	비고
노바티스	글리벡 100mg	4정	21,281	2,553,720	127,686	
	글리벡 100mg (제네릭 출시 이후)	4정	14,897	1,787,604	89,380	오리지널 약값 70%
	혁신형제약기업	4정	14,471	1,736,530	86,826	오리지널 약값 68%
	일반 제네릭	4정	12,662	1,519,463	75,973	오리지널 약값 59.5%

▲ 출처: 건강보험심사평가원(2013년 6월 기준)

재무설계가 포함시키지 않는 위험,
의료비

우리는 집도 사고 차도 사고 여행 다니며 즐거운 시간을 보내기 위해, 또 궁색하게 살지 않기 위해 오늘도 열심히 회사를 다니며 일을 하고 있다. 때로는 상사의 꾸지람에 자존심 상해가며, 또 말 안 듣는 후배에게 화내고 싶은 마음을 꾹 참아가면서 좋은 말로 타이르며 살아가고 있지 않은가. 이렇게 자존심과 성질 죽여가면서 자신의 일에 충실한 것은 자신이 목표한 인생을 이루기 위해서일 것이다. 그런데 이러한 인생의 즐거움을 한 번에 날릴 수 있는 것 중 하나가 바로 의료비다.

열심히 일해서 돈 벌고, 쓰고 싶은 마음을 참아가며 열심히 저축하고 투자했는데, 갑자기 발생하는 의료비로 인해 목돈이 한꺼번에 빠져나가게 되는 경우가 생긴다.

사회에 첫발을 내딛고 또 일정한 수입이 생기면 자연스레 재무목표를 세우고 설계한다. 그런데 재무설계 할 때 미처 생각하지 못하는 것이 바로 '의료비'에 대한 부분이다. 일반적인 재무설계에서는 우리가 언제 아플지 예측하지 못하기 때문이다.

일반적인 재무설계 단계

재무설계는 고객상담 단계부터 마지막 모니터링 단계까지 총 6단계로 나누어 실행한다. 그리고 한 번으로 그치는 것이 아니라 지속적으로, 또 평생 실시하게 된다.

여기서 살펴볼 것은 재무설계사에게 맡길 경우, 우리가 그들에게 어떤 정보를 주는가에 대한 것이다. 재무설계사에게 본인의 현 상황과 재무목표(결혼, 출산, 주택마련, 노후대비 등)를 공유하고 재무설계사는 우리가 알려준 여러 상황과 재무목표를 고려하여 자산관리 계획을 세운다. 그리고 재무설계사가 구체적인 실행방안을 제시하면 우리는 그 계획에 따라 실행하고 다시 정기적으로 모니터링하여 계획을 수정할 사항이 있는지, 바뀐 상황은 없는지 점검한다. 이것이 재무상담, 재무설계의 표준 절차이다.

일반적인 재무설계는 고객의 현 상황과 고객이 갖고 있는 재무적

인 목표에 대해 이야기를 나누고 계획을 마련하는 것인데, 여기서 미처 파악하지 못하는 부분이 바로 언제 의료비를 지출할지의 부분이이다. 예를 들어 당신이 지금 30세의 건강한 직장인이라면 재무목표를 설정할 때 "나는 70세가 되었을 때 병에 걸릴 예정이다"라거나 "내년 이맘때 교통사고가 날 것 같다"라고 계획을 세우지는 않을 것이다.

하지만 언제 어떤 일이 우리에게 닥칠지 아무도 모른다. 필자의 지인 중에는 손해보험 전도사 역할을 하는 사람이 있는데, 그는 어느 모임에 가든 사람들에게 "손해보험 들어놓아야 한다"고 강조한다. 그가 보험업에 종사하지 않음에도 전도사 역할을 자처하는 이유는 20년 전의 교통사고 경험 때문이다. 군대의 영관급 장교 출신으로 1주일에 한 번씩 등산을 다니며 누구보다도 건장한 신체를 자신하던 그는 보험은 불필요한 것이라고 생각했었다. 하지만 막상 교통사고를 당하고 보니 집안 기둥이 흔들릴 정도로 치료비가 많이 나와서 고생을 많이 했다. 그러한 경험을 한 이후 그는 만나는 사람마다 보험의 필요성을 설파하고 다닌다.

재무설계에서 이야기해주는 의료비 관련 사항

방금 살펴본 바와 같이 재무설계에서 의료비가 어느 정도 발생할지에 대해서는 본인도, 또 재무설계사도 예측할 수 없기 때문에 재무목표 항목에 넣지는 않는다. 하지만 그렇다고 '의료비' 항목이 전혀 고려되지 않는 것은 아니다.

의료비 지출은 일종의 자산관리 위험(risk) 요인으로 인식된다. 즉, 관리해야 하는 대상임을 뜻한다. 그렇기에 보험회사에서는 병에 걸리거나 다치게 되었을 때 병원비를 지원해주는 상품을 준비해놓는 것이다. 살아가면서 불의의 사고로 의료비를 지출해야 하는 경우, 보험회사에서는 미리 약속된 금액을 제공함으로써 의료비가 자산관리의 걸림돌이 되지 않도록 한다. 이것이야말로 보험의 원래 목적이 아니겠는가. 큰돈이 필요한 경우를 대비해서 미리 조금씩 넣어두는 것과 같다고 할 수 있다. 의료비에 대해서도 보험회사에서는 미리 계약된 바에 따라 준비해주고 있기에 재무설계에서는 특별히 "의료비를 이만큼은 준비하셔야 합니다"라고 하지는 않는다.

그런데 여기서도 맹점이 발견된다. 자동차의 백미러가 도로의 모든 상황을 보여주지 못하는 것과 마찬가지로 보험이 다 지원해주지 못하는 상황이 발생할 수밖에 없다. 따라서 의료비 명목으로 별도의 의료통장을 준비할 필요가 있다.

예를 들어 암 진단을 받으면 3,000만 원이 지급되고 하루 병원비 10만 원이 지원되는 상품에 가입한 사람이 실제로 암에 걸렸다고 가정해보자. 그런데 치료비 총 4,000만 원에 입원실 비용이 하루 20만 원이라면, 가입해둔 보험 상품만으로 완전히 보장받을 수 없게 된다.

그렇기 때문에 우리는 의료비에 대해서 다시 생각해볼 필요가 있다. 앞으로 의료비는 어느 정도 준비해야 하는 것인지 그리고 그 의료비를 마련하려면 어떤 방법으로 해야 하는지 살펴볼 것이다. '좋은 보험'을 들어놓았다며 안심하는 사람들도 있을지 모른다. 하지만 이번 기회에 그 '좋은 보험'이 진짜 '좋은 보험'인지도 함께 점검해보면 좋을 것 같다.

암보험은 든든하게 가입해놓았는데, 암이 아닌 다른 증상으로 입원하게 될지도 모르는데 그때 가서 '다 보장된다더니……'라고 보험사를 원망해도 소용없다. 우리가 지금 해야 할 일은 똑똑하게 준비하는 것이다. 보험회사에서는 냉정하리만큼 '정해진 계약', '가입한 내역'에 따라 대응하니 우리 스스로 계약을 제대로 해야 한다.

- 의료비는 재무설계에서 누락되기 쉽다.
- 보험 가입으로 위험을 분산하는 방법이 있다.
- 그러나 그 보험이 진짜 위험을 분산하는 것인지 다시 살펴봐야 한다.

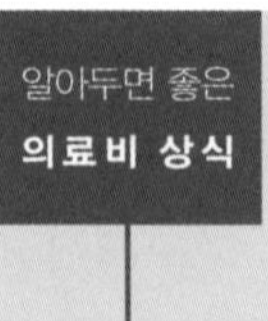

재무설계사 자격증 종류

상식 수준에서 알고 있으면 좋은 재무설계사들의 자격증에 대해 살펴보자. 보험설계사들의 명함을 보면 참 화려하다. 기본적인 보험회사의 정보에 덧붙여 자격사항까지 꼼꼼하게 적어놓기 때문이다. 특히 보험설계사들의 명함에 많이 적혀 있는 자격사항 중에 대표적인 것이 AFPK/CFP라는 것이 있는데 과연 어떤 자격증인지 살펴보자.

AFPK

AFPK는 Associate Financial Planner Korea의 약자이다. 재무설계 업무에 관한 전문 서비스를 제공할 수 있는 자격증으로 개인종합 재무설계 업무에 대한 국내 전문자격이라고 보면 된다. 기본적으로 AFPK라는 자격증을 갖고 있는 사람에게 상담을 받을 일이 있으면 '적어도 이 사람은 막무가내로 무조건 보험에 들어야 한다고 떼쓰는 사람은 아니겠구나' 하고 안심해도 된다.

CFP

CFP는 Certified Financial Planner의 약자이다. 재무설계 업무에 관한 전문 서비스를 제공할 수 있는 자격증으로 개인종합 재무설계 업무에 대한 국제전문자격이다. 다시 말하면, AFPK의 업그레이드 버전이라 보면 된다. 참고로 AFPK시험을 통과해야 CFP시험을 볼 수 있다.

IFP

IFP는 Insurance Financial Planner의 약자로 종합자산관리사라 한다. 보험과 관련된 FP자격증이라 이해하면 된다.

병원 신세를 질 때 병원비만 필요한 것이 아니다

직장인이라면 한두 번쯤은 아파서 오전 반일 휴가를 내고 오후에 출근하거나 아예 그날 하루 출근을 못하는 경우가 있다. 진짜 아파서 휴가를 내는 경우도 있을 것이고 때에 따라서는 회식 날 과음으로 인해 늦잠을 자게 된 경우도 있을 것이다.

의료비를 살펴보기 전에 몇 가지 고려해야 할 사항이 있는데, 당장 병원비로 나가는 비용 이외에도 기타의 비용이 많이 들어간다는 사실이다. 이제 그러한 비용들에 대해 살펴봄으로써 '병원 신세'가 우리에게 얼마나 많은 영향을 끼치는지 살펴보자.

병가, 무노동 무임금의 냉정한 원칙

아파서 병원에 입원하게 되면 출근을 하지 못하게 되므로 직장에서는 입원해 있는 동안 '병가' 처리를 하게 된다. 그런데 문제는 이 병가를 낼 경우 '임금'을 어떻게 지급해야 하는가에 대해서는 명확하게 정해진 기준이 없다는 것이다. 병가는 각 회사의 규정을 따르게 되어 있다.

일반적인 기준에 따르면 개인적인 사유에 의한 병가는 무급, 공무상으로 인한(업무상 인과관계를 가지는) 병가는 유급으로 처리되고 있다. 통상적으로는 1주일 이상 입원해야 하는 경우, 진단서와 함께 회사에 제출해야 병가 처리를 해주는 곳도 있다. 여기서 잠깐 주의해서 살펴볼 것이 어떤 회사는 병가 기간에 기본급을 지급해주고 어떤 회사는 무급으로 처리한다는 사실이다. 이는 사규에 따라 처리하는 것이므로 각 회사마다 다를 수 있다.

포털 사이트의 질문 코너를 보면 '병가가 부당하게 무급으로 처리되었는데 어떻게 해야 하느냐'고 묻는 경우가 많은데, 그에 대한 답변을 보면 질문자를 실망시키는 경우가 많다. 왜냐하면 업무상 질병이 아닌 개인사정에 의한 병가는 법정휴가가 아니기 때문에 병가의 부여 여부, 부여 조건, 임금 지급 여부에 대해 단체협약, 취업규칙 등을 통해 각 회사가 자유로이 결정할 수 있기 때문이다.

한국의 근로기준법은 근로자 입장에서 상당히 정교하게 되어 있음에도 불구하고, 아이러니하게도 병가에 대해서는 근로자를 위한 조항이 보이지 않는다. 최저임금 문제도 중요하지만 병가에 대해서도 보호를 해줄 수 있는 방안이 마련되면 좋겠다는 것이 필자의 개인적인 바람이다.

병가로 인한 손해는 무엇일까

피치 못할 사정으로 병가를 내야 할 경우, 병가는 개인에게 어떠한 손해를 끼치게 되는가? 크게 두 가지로 나누어볼 수 있는데, 하나는 기회비용의 측면이고 다른 하나는 퇴직 압력이다.

병원에 몸져누워 있다고 내야 할 아파트 관리비가 안 나오는 것도 아니고, 신용카드 회사가 카드대금 결제를 미루어주는 것도 아니다. 즉, 나가야 할 비용은 계속 발생하는데, 들어오는 월급은 없어지는 것이다. 입원해 있는 동안 무급으로 처리되기 때문이다.

다행히 병증이 심하지 않아 한두 주 동안의 입원으로 치료가 다 된다면 큰 타격은 받지 않겠지만, 3개월 이상 입원해야 하는 경우, 그 경제적인 손실은 상상을 초월할 정도로 부담스러워질 수밖에 없다.

그렇기 때문에 의료비에서는 '기회비용'을 고려해야 한다. 기회비용이란 경제학 용어로서 어떤 것을 선택할 경우 포기해야 하는 것(정확히는 선택하지 않는 것)을 가리킨다. 예를 들어, 1만 원을 가지고 영화를 보거나 책을 산다고 했을 때, 영화를 선택할 때의 기회비용은 책이 되고 책을 구매할 때의 기회비용은 영화 관람이 되는 것이다. 즉, 무언가를 선택할 때 포기해야 하는 것이 기회비용이라 할 수 있는데, 병가에 있어서도 당연히 기회비용이 발생하게 된다. 금전적인 면에서 보면, 병원에 입원하지 않고 직장근무를 했을 때 받을 수 있는 급여가 그러하고 시간적인 면에서 보면 입원 기간 대신 근속 기간 등을 기회 비용으로 볼 수 있다.

사실, 이렇게 복잡하게 생각해보지 않아도 직장인에게 무급휴가는 분명히 손해이다. 근무를 하지 않으면 월급이 나오지 않고 승진 등에서도 불이익을 받을 수 있기 때문이다. 그렇기에 몸이 안 좋아도 쉽게 쉬지 못하고 무거운 몸을 이끌고 출근길에 오를 수밖에 없는 것이 직장인의 현실이다.

신의 직장이나 신도 부러워한다는 공무원이나 공사 직원이 아니라면 병가는 당연히 퇴직 압력과 연결될 수밖에 없다. 대기업, 중소기업을 막론하고 회사 입장에서는 큰 병을 앓고 있는 직원에게는 미안하지만 그 자리를 대신해서 일할 수 있는 사람을 뽑아 배치할 수밖에 없다. 그리고 또 언제 아파서 병원에 입원할지 모르는 직원을 계속 고용할 수도 없는 노릇이다. 입원을 1개월 이상 하게 되면 퇴직 압력을 받게 된다. 이는 곧바로 경제적인 손실로 연결된다는 사실을 직시해야 한다. 아플 수도 없는 삶인 것이다.

- 입원에 따른 병가는 무급이 대부분이다.
- 수입은 없어지지만 아파트 관리비, 카드대금 등은 그대로 청구된다.
- 아프면 나만 손해다.

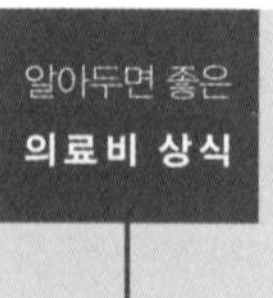

여성을 위한 휴가제도

여성들의 경우 직장생활을 하면서 많은 애로사항을 겪는다. 가장 대표적인 것이 생리와 임신·출산에 대한 부분이다. 이에 대해 자세히 살펴보자.

생리휴가

근로기준법에 보면 사용자는 여성인 근로자가 청구하는 때에는 월 1일의 생리휴가를 줘야 한다고 정해놓고 있다.

부여대상

- 사실상 생리를 하고 있는 여성근로자

- 사실상 생리중이면 해당되고, 연령, 근로형태 직종 및 소정근로일의 개근

여부 등은 관계없음

- 생리현상이 없는 자(임산부 · 폐경 · 자궁제거 등)는 생리휴가를 사용할 수 없음

생리휴가의 사용

- **사용 시기**

  - 월중 생리현상이 있는 1일

  - 생리휴가일은 사실상의 생리 여부에 따라 부여되는 바, 실제 생리 기간이

    아닌 날에 사용할 수 없음

  - 사용 시 사용자에게 사전 통보해야 하며, 사전 통보 없는 일방적 사용은

    권리의 남용이 될 수 있음

- **적치 · 분할 사용 금지**

  생리휴가는 사실상의 생리현상에 따라 부여하는 것이므로 월차유급휴가

  등과 달리 적치 · 분할 사용할 수 없음

- **사용권의 소멸**

  사용자가 생리휴가를 자유로이 사용하도록 적극적으로 권고하였음에도

  근로자가 자유의사로 사용하지 아니한 경우 휴가 사용권은 소멸됨

- **생리휴가의 제한 금지**

  사용자는 근로자의 자유로운 생리휴가 사용을 제한하는 다음과 같은 행위

  를 할 수 없음

  - 사전 휴가계 제출 의무화, 생리휴가 가능요일 지정 등

- 특정일에 대체휴무시키는 행위 등

생리수당 지급 문제

- 생리휴가는 생리 사실에 기하여 월 1일의 근로의무를 면제해주는 제도로 생리휴가 미사용에 대한 보상으로 수당을 지급하는 문제에 대하여는 별도로 규정하지 않고 있음
- 따라서 생리휴가를 사용하지 않은 근로자에게 수당을 지급하는 문제에 대하여는 각 사업장의 단체협약, 취업규칙, 근로계약 등 당사자간 약정한 바에 따라 지급 여부를 판단하게 됨

출산 전후 휴가

여성 근로자가 자녀를 출산하는 경우 출산 전후에 사용할 수 있는 휴가로 근로기준법은 임신·출산을 준비하고, 임신과 출산으로 소모된 체력을 회복시키기 위해서 출산 전후 90일의 휴가를 보장하고 있다.

부여대상

임신한 여성 근로자는 모두 사용할 수 있다. 정규직 근로자뿐만 아니라, 단시간 근로자 등 비정규직 근로자도 사용할 수 있으며 근속기간에 상관없이 사용할 수 있음

사용 기간

출산일을 전후하여 90일을 사용할 수 있으나 다만 출산 후에 받는 휴가가 45일 이상이 되도록 날짜를 배정해야 함

- **출산 예정일보다 출산이 늦어진 경우**

  임신한 근로자 신청에 의해 출산 전에 45일을 쓰고, 출산 후 45일을 부여했는데, 출산이 예정일보다 늦어져 출산 후 45일이 확보되지 못한 경우에도 사업주는 출산 후 45일이 보장되도록 휴가를 더 부여해야 함. 다만 추가로 부여한 기간에 대하여 사업주가 임금을 지급할 의무는 없음

- **분할사용 가능 여부**

  2012년 8월 1일 이전까지 출산 전후 휴가는 출산을 전후하여 연속하여 90일을 사용해야 했으나 2012년 8월 2일부터 유산의 경험이 있는 경우에는 출산 전에 사용할 수 있는 44일의 휴가를 분할하여 사용 가능하도록 개정되었음. 다만 출산 전후 휴가를 출산 전 분할하여 사용하는 경우에도 출산 후 휴가 기간은 45일 이상이 되어야 함

출산 전후 휴가 급여

- **사업주의 급여 지급: 최초 60일**

  사업주는 출산 전후 휴가 기간 최초 60일에 대해서는 급여를 지급해야 함

- **국가의 급여 지급: 최후 30일**

  마지막 30일에 대하여 사업주는 임금을 지급할 의무는 없으나 이 기간에

대해서는 정부(고용노동부 고용센터)에서 출산 전후 휴가 급여를 지원함

- **소규모 기업의 경우: 정부 지원**
  - 일정 규모 이하의 기업인 경우에는 사업주가 지급하는 임금을(60일분) 월 135만 원 한도 내에서 정부가 지원함
  - 근로자의 임금이 월 135만 원 이상인 경우에는 사업주가 추가로 지급해야 할 의무 있음

육아휴직

육아휴직은 만 6세 이하의 초등학교 취학 전 자녀(2007. 12. 31 이전 출생자는 1세 미만)가 있는 경우 최대 1년 동안 받을 수 있는 제도로 육아휴직 급여는 육아휴직 전 통상임금의 40퍼센트를 지급하되(상한액 100만 원, 하한액 50만 원), 육아휴직 급여의 15퍼센트는 직장복귀 6개월 후에 지급(단, 실수령액이 월 50만 원 미만인 경우 50만 원 지급)

육아휴직 급여 지급 대상

- **육아휴직을 30일 이상 부여받은 근로자**

  육아휴직 급여를 받기 위해서는 연속적으로 30일 이상의 육아휴직을 해야 하고 고용보험 피보험단위기간이 180일 이상이어야 함

  (*단, 2010년 12월 31일 이전 육아휴직 기간에 대해서는 육아휴직 급여로 월 50만 원(정액제) 지급)

건강보험만으로 충분한가

필자가 직장을 그만두고 대학원에 다니던 몇 년 전, 어느 날 사랑이 가득 담긴 우편물을 한 통 받은 적이 있다. 발신자는 건강보험공단이었고 내용은 간단했다. "그동안 건강보험 연체하셨으니 자동차 가압류되었습니다." 그때 당시에 깜짝 놀라서 곧바로 밀린 보험료를 납부하기는 했는데 기분이 썩 좋지는 않았다.

직장인의 경우, 4대보험이라는 항목으로 월급에서 자동으로 빠져나가기 때문에 특별히 신경 쓰지 않아도 되지만 자영업자나 소규모 사업자의 경우에는 자칫 잘못하면 필자와 같은 상황이 벌어질 수 있으니 평소에 신경을 써야 한다.

간혹 건강보험을 납부하는 것에 대해 거부감을 가지는 사람들이 있다. 왜냐하면 '나는 병원에 가지도 않는데, 왜 피 같은 내 월급을 가져가는가'라고 생각하기 때문이다. 하지만 다른 것도 아니고 '건강보험'이 아닌가. 건강보험 같은 공공보험에는 '많은 사람이 조금씩 돈을 모아서 위험에 빠진 사람을 돕는 것'이라는 의미가 있는 만큼 내가 건강보험의 도움을 받을 수도 있고, 부모님이나 친지 분들도 지금이 순간 건강보험의 혜택을 받고 계실지도 모르는 일이다. 국민으로서의 의무를 거부하지는 말자.

건강보험료, 얼마나 내고 있을까?

국민건강보험에서 공고한 내용을 먼저 살펴보도록 하자.

간략하게 보자면, 총 연봉에서 5.89퍼센트가 건강보험료로 빠져나가는데, 이중에서 반은 회사에서 내고 나머지 반인 2.945퍼센트는 내 월급에서 빠져나간다고 보면 된다. 이렇게 월급의 2.945퍼센트가 빠져나가는 것은 근로자, 공무원, 사립학교 교직원 모두 공통이니 적어도 건강보험에 있어서는 평등을 누린다고 볼 수 있다. 대략 연봉의 3퍼센트 정도는 우리나라의 의료계와 국민건강의 향상을 위해 사용된다고 보면 된다.

참고로 2013년 6월 건강보험료를 인상하겠다는 내용이 보도되었는데, 2014년부터는 5.99퍼센트로 보험료가 인상된다고 한다. 이러

2013년도 건강보험료 인상 안내

2013년도 1월부터 건강보험료가 아래와 같이 인상됨을 알려드립니다.

건강보험료 : 1.6% 인상

○ **직장가입자 보험료율 : 5.80%(2012년) ⇒ 5.89%(2013년)**

– 보수월액 보험료(월) = 보수월액 × 보험료율   (※ 근로자와 사용자가 각각 1/2씩 부담)

(단위 : %)

구분	계	가입자부담	사용자부담	국가부담
근로자	5.89 (100)	2.945 (50)	2.945 (50)	-
공무원	5.89 (100)	2.945 (50)	-	2.945 (50)
사립학교교직원	5.89 (100)	2.945 (50)	1.767 (30)	1.178 (20)

– 소득월액 보험료(월) = 소득월액 × 보험료율 × 50/100 (※ 소득월액 = 연간 "보수 외 소득" ÷ 12)

○ **지역가입자 부과점수당 금액 : 170.0원(2012년) ⇒ 172.7원(2013년)**

– 월 보험료 = 보험료 부과점수 × 부과점수당 금액

장기요양보험료

○ **장기요양보험료율 : 6.55% (동결)**

– 월 보험료 = 건강보험료 × 장기요양보험료율

  ※ 건강보험료 인상에 따라 장기요양보험료도 다소 증가함

인상 배경

○ **건강보험 보장성 확대**

– 중증질환자(암, 뇌혈관, 심장질환 등) 초음파 검사·간단치석제거·75세 이상 어르신 부분틀니 보험적용, 항암제(티에스원, 넥사바) 본인부담률 인하 등

○ **의료수가 인상**

– 병원 2.2%, 치과 2.7%, 한방 2.7%, 약국 2.9%, 조산원 2.6%, 보건기관 2.1%, 의원 2.4%

한 추이를 놓고 보면, 2015년경에는 7퍼센트를 넘고 2018년경이 되면 10퍼센트 이야기가 나오지 않을까 추측해볼 수 있다. 현재 우리나라는 급속하게 고령화 사회로 진입하고 있으며 평균수명 100세 되는 세상으로 점점 가고 있으니 건강보험은 특별한 일이 없으면(경제학에서는 흔히 '다른 조건이 동일하다면'이라고도 한다), 계속해서 요율은 오를 것으로 예상된다.

건강보험의 장단점

돈을 지불하면 그에 맞는 가치를 얻고자 하는 것이 인간의 기본적인 심리다. 그러한 관점에서 보면 건강보험 역시 돈을 낼 때 아깝다는 생각이 들 수 있다. 내가 건강보험료 값을 정할 수는 없어도, 적어도 내가 얻을 수 있는 것이 무엇인지 미리 알아두고자 하는 마음은 사회생활을 하고 경제생활을 하는 입장에서는 당연한 것이다. 건강보험의 혜택은 생각보다 많은 편이다. 혜택에 대해 좀 더 자세히 살펴보자.

입원 시 80퍼센트 지원

큰 병에 걸려 병원에 입원해야 하는 경우, 총 진료비의 80퍼센트가 건강보험에서 지원이 된다. 다시 말하면 본인은 총 진료비의 20퍼센트만 부담하면 되는 것이니 경제적인 면에서 상당히 부담을 줄여주는 고마운 제도라는 것을 알 수 있다. 총 진료비가 1,000만 원에

달하는 무거운 병으로 입원할 경우, 건강보험에서 800만 원을 지원해주고, 환자 본인은 200만 원을 부담하는 것이니 상당히 많은 부분에서 도움을 받는 것이라 이해할 수 있다.

그리고 암 등 중증질환의 경우 총 진료비의 95퍼센트를 건강보험에서 지원하고 본인부담금은 5퍼센트이니 상당한 도움이 된다고 볼 수 있다.

외래 시 지원

병원의 규모에 따라 차등이 있기는 하지만 진료비의 40~60퍼센트까지 건강보험에서 지원해준다. 단순하게 보면 입원하지 않고 병원에 가서 진찰받고 치료받는 비용의 절반 정도를 건강보험의 혜택으로 해결하는 셈이다. 참고로, 병원의 규모에 따라 외래 시 지원받는 규모는 아래와 같다.

- 상급종합병원: 진찰료 총액+나머지 진료비의 60%
- 종합병원: 요양급여비용 총액의 45%(읍, 면지역), 50%(동지역)
- 병원: 요양급여비용 총액의 35%(읍, 면지역), 40%(동지역)
- 의원
  - 요양급여비용 총액의 30%(단, 65세 이상 요양급여비용 총액이 15,000원 이하이면 1,500원)
  - 보건소, 보건지소, 보건진료소
  - 요양급여비용이 12,000원 초과시 총액의 30%

- 요양급여비용이 12,000원 이하시 정액제 적용

• 약국 본인부담금: 요양급여비용 총액의 30%

- 경증질환(52개)으로 대형병원 외래 진료 시 본인부담률 차등 적용

  (2011.10.1~)

* 감기 등 경증질환(52개)으로 외래진료 후 약국 요양급여비용 본인부담률은 상급종합병원 30% → 50%, 종합병원 30% → 40%(경증질환 52종은 고시)

* 차등 적용 질병은 상급종합병원 또는 종합병원 외래 진료 시 발급된 원외처방에 의한 약국 조제 시에만 적용하며, 입원환자나 의약분업 예외 환자에 대해서는 적용하지 않음

본인부담 상한액

입원, 외래 시 지원해주는 것 이외에 건강보험공단에서 마련한 '본인부담 상한액'이라는 제도가 있다. 이는 입원 등으로 치료비가 많이 지출되는 경우 건강보험에서 80퍼센트를 지원해준다 해도 목돈이 필요하기 때문에 일정 금액 이상의 의료비에 대해서는 다시 환급해주는 제도다.

건강보험 부담액의 크기에 따라 개인별로 200~400만 원 사이로 상한선을 정해놓고 이 상한선을 넘으면 더 이상 의료비를 내지 않아도 되게끔 한 제도이니 분명 우리에게 도움이 되는 제도라 할 수 있다. 자세한 내용을 살펴보자.

• 본인부담 상한액 구분 (2012년 9월 이후 기준)

- 보험료 하위 50%(직장가입자 보험료 월 60,510원 이하, 지역가입자 보험료 51,890원 이하) = 상한액 200만 원

- 보험료 중위 30퍼센트(직장가입자 보험료 월 119,370원 이하, 지역가입자 보험료 131,240원 이하) = 상한액 300만 원

- 보험료 상위 20퍼센트(직장가입자 보험료 월 119,370원 초과, 지역가입자 보험료 131,240원 초과) = 상한액 400만 원

〈 2009년 건강보험 고액환자 분석 〉 (단위: 천 원)

● 최고액 환자(100명)

순위	성별	연령	질병명	진료기간	투약일수	총진료비	급여비
1	남	32	유전성 제8인자 결핍증	220일	1,110일	2,202,466	2,199,466
2	남	36	유전성 제8인자 결핍증	197일	239일	1,759,019	1,755,019
3	남	59	유전성 제8인자 결핍증	155일	375일	1,682,569	1,687,569
4	남	33	유전성 제8인자 결핍증	858일	1,879일	1,247,202	1,247,158
5	남	40	유전성 제8인자 결핍증	97일	577일	1,139,864	1,136,864
6	남	25	유전성 제9인자 결핍증	59일	328일	957,792	954,792
7	남	43	유전성 제8인자 결핍증	93일	398일	859,686	859,672
8	남	20	유전성 제8인자 결핍증	53일	196일	777,469	774,469
9	남	26	유전성 제8인자 결핍증	49일	129일	738,198	735,198
10	남	5	유전성 제9인자 결핍증	121일	449일	680,574	678,574

〈건강보험 고액환자 분석〉 표를 보자. 국민건강보험 건강보험정책연구원이 발표한 '2010 건강보험 통계분석' 자료집의 일부 내용이다. 2009년에 발생한 의료비 중 가장 비용이 높은 '최고액 환자'의 내역을 정리한 것이다. 참고로 첫 번째에 있는 32세의 남자는 총 진료비가 대략 22억 원의 의료비가 들어간 것이다. 하지만 본인부담 상한제를 적용해 해당 환자는 300만 원만 부담했다.

비급여 항목은 해당되지 않는다

건강보험의 장점만을 놓고 보면 우리나라가 참으로 좋은 시스템을 갖추어놓고 있다고 볼 수 있다. 하지만 자세히 살펴보면 건강보험이 가진 수많은 장점에도 불구하고 허점이 보이는데, 대표적인 것이 바로 비급여 항목이다.

비급여 항목은 건강보험의 혜택을 받지 못하는 항목을 가리킨다. 본인부담 상한제에 해당되지 않기에 무조건 환자가 부담해야 하는 비용임을 뜻한다. 대표적으로 선택진료, 상급병실료 차액, 검사료 등이 비급여 항목으로 건강보험의 혜택을 받지 못하게 된다. 필자의 경우에도 아내가 출산할 때 뱃속에 있는 아이가 전치태반(태반이 자궁입구에 가까이 위치해서 자연분만을 할 때 대단히 위험한 증상) 증상이 있어 제왕절개수술을 받아야 했다. 수술 후 회복과정에서 진통제가 필요했는데, 진통제는 비급여 항목이었다. 하지만 비급여 항목이라고 진통제를 맞지 않을 수 없지 않겠는가. 비급여 항목은 이렇게 정말 필요하지만 아쉽게도 급여 항목으로 지정되지 않은 경우가 많다. 비단 진통제뿐만이 아니다. 건강보험에서 급여 항목으로 지정되지 않은 신약의 경우도 그러하다.

선택진료비

선택진료비란 특정한 의사를 선택해서 진료 받았을 때 발생하는 비용을 말한다. 즉, 특정 의사에게 진료를 받아야 하는 경우 추가적으로 비용을 내는 항목이라고 보면 된다. 그런데 일반적으로 어떤 의사가 어떤 병을 잘 고칠지는 알기 어렵기 때문에 선택진료를 굳이 받으려고 하지 않는다. 그런데 문제는 병원에 진찰을 신청할 때 본인도 모르게 '선택진료'를 신청한 것으로 되는 경우가 가끔 있다는 것이다. 병원 입장에서는 비급여 항목에 해당되는 것을 조금 더 받아서 병원의 수익성을 개선하고자 하는 노력이겠지만, 환자 입장에서는 치료비가 늘어나는 항목이라서 갈등의 소지가 있다. 선택진료를 받을 경우 진찰료, 입원료, 검사료, 영상진단료, 마취료에 대해 일정 범위 내에서 병원이 정한 추가 비용을 비급여로 지불해야 한다.

상급병실료 차액

1인실의 경우 가장 비싼 병원은 삼성서울병원이 6인실과 비교하여 하루 48만 원을 추가로 지불해야 했고, 2인실의 경우 가장 차액이 높았던 곳은 가톨릭대학교 서울성모병원으로 18만 원을 추가로 지불해야 했다. 건강보험에서 지원해준다 할지라도 상당히 부담되는 금액임에는 틀림없다. 지금 당장 입원해야 하는 상황에 처했을 때

'나는 6인실 아니면 치료 안 받아!' 하며 버틸 수는 없는 노릇 아니겠는가.

PET (양전자 단층촬영) 진단료

PET 검사는 주로 암 진단에 활용되고 있으며, 심장질환, 뇌질환을 판단하는 데 활용되고 있다. CT/MRI 검사가 건강보험 적용이 가능해졌기에 경제적인 측면에서 상당히 도움을 받을 수 있게 되었는데, PET 검사의 경우 아직까지는 병원에서 부르는 게 값인 상황이다. 그래서 가격적인 면을 살펴보면 PET 검사를 시행하는 경우 전신촬영은 기본적으로 회당 100만 원이고 여기에 전신+추가 촬영을 하게 되면 평균 150만 원의 비급여 의료비를 지출하게 된다.

참고로 비급여 진료비에 대한 정보는 건강보험심사평가원(www.hira.or.kr) 홈페이지에서 병원별로 확인할 수 있다.

무상의료는 좀 더 기다려야 한다

공공보험에서 의료비를 전액 지원해주지 않기에 그에 대한 대안으로 민간보험 등으로 부족한 부분을 보완할 수밖에 없다. 물론 정부에서도 의료비에 대해 최선의 노력을 기울이고 있다. 각종 비급여 항목을 체계적으로 정리해서 급여화한다든가 경제적인 부담이 큰 약에 대해서는 정부가 지원해주는 비중을 높인다든가 하는 정책을 통

〈 병원마다 다른 비급여 진료비 〉 (단위: 만 원)

항목		최저	최고
MRI	뇌	37.8(고신대 부산)	77.7(서울 성모)
	뇌혈관	28(고신대 부산)	72(서울대)
	목	48(충북대)	77.7(서울 성모)
	허리	48(충북대)	77.7(서울 성모)
치과 임플란트		100(원주 세브란스)	458(서울대 치과병원)
다빈치로봇수술	갑상샘암	500(이대 목동, 한양대, 충북대, 전북대)	1500(아주대)
	전립선암	500(중앙대, 고려대, 이대 목동, 충북대, 전북대)	1500(아주대)
양수염색체 검사		31(부산대병원)	98(세브란스)

▲ 출처: 건강보험심사평가원(2013년 8월 기준)

해 국민의 의료비 부담을 줄여주기 위해 노력하고 있다. 그럼에도 불구하고 무상의료까지는 가지 못하는 상황이다. 입원했을 때 간병인을 두게 되면 순수하게 본인이 비용을 감당해야 하고, 새로 나온 치료법이나 약에 대해서는 정부의 지원을 받지 못하는 비급여 항목인 경우가 많아 본인이나 가족이 비용을 감당해야 한다.

모든 국민이 별도의 지출 없이 의료 서비스를 이용할 수 있다면 얼마나 좋겠는가. 하지만 현실적으로 당장 이루어질 것 같지는 않다. 지금도 정부의 수입이 부족해서 근로자들에게서 세금 혜택을 줄이고 있는 상황이다. 진보적인 성향의 학자들은 전 국민의 무상의료가 현재로서도 추가적인 별도의 비용을 최소화하면서도 얼마든지 가능하다고 하지만 당장 학생들 무상보육과 무상급식만 보더라도 재원이 부족해서 중앙정부와 지자체들이 어려움을 겪고 있는 상황이다.

민간보험의 보장이나 혜택이 없어도 의료 서비스를 이용할 수 있는 날은 분명히 올 것이다. 하지만 현 상태에서는 민간보험을 통해 부족한 의료비를 준비해야 하는 상황일 수밖에 없다.

건강보험 혜택을 받지 못하는 경우

건강보험공단에서는 〈국민건강보험 요양급여의 기준에 관한 규칙〉을 통해 건강보험의 혜택을 받지 못하는 경우를 따로 정리해놓았다. 즉, 이러한 경우에는 앞서 살펴보았던 혜택들을 전혀 기대할 수 없다. 아래의 내용은 2009년 11월 30일에 일부 개정된 내용이다. 혹시라도 아래의 경우에 해당된다면 진료비는 전액 본인이 부담해야 한다는 것을 참고하기 바란다.

주요 비급여 대상 항목

1. 다음 각목의 질환으로 업무 또는 일상생활에 지장이 없는 경우에 실시 또는 사용되는 행위·약제 및 치료재료

   가. 단순한 피로 또는 권태

   나. 주근깨·다모(多毛)·무모(無毛)·백모증(白毛症)·딸기코(주사비)·점(모반)·사마귀·여드름·노화현상으로 인한 탈모 등 피부질환

   다. 발기부전(impotence)·불감증 또는 생식기 선천성기형 등의 비뇨생

식기 질환

라. 단순 코골음

마. 질병을 동반하지 아니한 단순포경(phimosis)

바. 검열반 등 안과질환

사. 기타 가목 내지 바목에 상당하는 질환으로서 보건복지가족부장관
   이 정하여 고시하는 질환

2. 다음 각목의 진료로서 신체의 필수 기능개선 목적이 아닌 경우에 실시
   또는 사용되는 행위·약제 및 치료재료

   가. 쌍꺼풀수술(이중검수술), 코성형수술(융비술), 유방확대·축소술, 지
      방흡인술, 주름살제거술 등 미용목적의 성형수술과 그로 인한 후유
      증치료

   나. 사시교정, 안와격리증의 교정 등 시각계 수술로 시력개선의 목적이
      아닌 외모개선 목적의 수술

   다. 〈삭제〉

   라. 저작 또는 발음기능개선의 목적이 아닌 외모개선 목적의 악안면 교
      정술 및 교정치료

   마. 관절운동 제한이 없는 반흔구축성형술 등 외모개선 목적의 반흔제
      거술

   바. 안경, 콘텍트렌즈 등을 대체하기 위한 시력교정술

   사. 기타 가목 내지 바목에 상당하는 외모개선 목적의 진료로서 보건복
      지가족부장관이 정하여 고시하는 진료

3. 다음 각목의 예방진료로서 질병·부상의 진료를 직접목적으로 하지 아

니하는 경우에 실시 또는 사용되는 행위·약제 및 치료재료

가. 본인의 희망에 의한 건강검진(법 제47조의 규정에 의하여 공단이 가입자등

에게 실시하는 건강검진 제외)

나. 예방접종(파상풍 혈청주사 등 치료목적으로 사용하는 예방주사 제외)

다. 구취제거, 치아 착색물질 제거, 치아 교정 및 보철을 위한 치석제거

및 구강보건증진 차원에서 정기적으로 실시하는 치석제거

라. 불소국소도포, 치면열구전색 등 치아우식증 예방을 위한 진료

(치아우식증에 이환되지 않은 순수 건전치아를 가진 만6세 이상 14세 이하 소아의

제1대구치에 대한 치면열구전색 제외)

- 국민건강보험은 대부분의 의료비를 줄여준다.
- 무상의료가 가능하다면 민간보험은 필요성이 줄어들게 된다.
- 하지만 무상의료가 당장 가능하지는 않다.

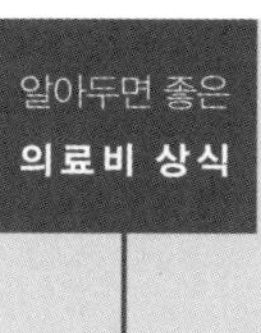

생명(정액)보험 VS
손해(실손/실비)보험

요즘은 생명보험 회사에서 손해보험 성격의 상품을 판매하고, 손해보험 회사에서 생명보험의 개념인 사망보험금을 지급하고 있기 때문에 일반 소비자 입장에서는 상당히 혼란을 느낄 수 있다. 의료통장에 필요한 보험을 살펴보기 전에 그 개념부터 간단히 짚고 넘어가자.

생명보험과 손해보험의 기본적인 차이

생명보험은 주로 사람의 생명과 건강에 대한 부분을 다루는 영역으로 종신보험, 정기보험이 이에 해당한다. 손해보험은 신체 또는 물건에 대한 손해를 다루는 영역으로 자동차보험, 운전자보험이 이에 해당한다. 생명보험사에서는 재해라는 표현을 쓰고 손해보험사에서는 상해라는 표현을 쓴다.

정액보상과 실손보상

정액보상이라는 것은 금액을 정해놓고 해당 사유가 되면 약속된 금액을 지급하는 것을 의미한다. 반면 실손(실비)보상은 해당 사유가 발생한 경우 실제 발생한 금액에 대해 보상해주는 것을 뜻한다. 예를 들어 암이 발생한 경우 정액보상과 실손보상에서 각각 5,000만 원을 보장해주는 경우 정액보상은 암이라는 사유에 대해 정해진 5,000만 원을 지급하고 실손보상은 암을 치료하는 동안 비용이 발생하면 그 치료비용에 대해 5,000만 원까지 지급하는 것을 뜻한다. 생명보험 회사의 정액보상은 해당 사유에 해당이 되느냐 안 되느냐가 보험금 지급의 기준이 되며, 손해보험 회사의 실손보험에서는 해당 사유에 따라 어느 정도의 비용을 지출했느냐가 보험금 지급의 기준이 된다.

중복보상과 비례보상

생명보험 회사에서는 중복된 계약에 대해서도 약속된 금액이 지급된다. 예를 들어 같은 항목에 대해 보험회사 3군데에 가입했거나 한 생명보험 회사에서 각기 다른 3개의 상품을 가입했다 하더라도 중복 가입 여부에 상관없이 약속된 금액을 지급한다. 예를 들어 A라는 질병에 대해 3개 생명보험 회사에서 각각 5,000만 원씩의 보장을 계약한 경우 A라는 질병 발생 시 총 1억 5,000만 원의 금액을 받을 수 있게 된다. 반면 손해보험 회사에서는 중복된 계약에 대해서는 비례보상의 원칙에 따라 비율을 정하여 보험금을 지급한다. 예를 들어 하루 입원비용을 10만 원으로 보장해주는 손해보험 상품을 3개 가입한 경우, 입원하게 되었을 때 하루 10만 원 × 3개 상품=30만 원의 계산이 되는 것이 아니라 3개 상품에서 각 3분의 1씩 지원하여 총액을 10만 원을 맞춘다.

이렇게 생명보험과 손해보험의 기본적인 차이가 있음에도 불구하고 최근의 상황은 생명보험 회사에서 손해보험 회사의 상품내용을 특약으로 정하거나 손해보험 회사에서 암과 같은 중대 질병에 대해서도 보장해주는 상품이 나온다. 각 보험회사가 서로를 닮아가고 있다고 볼 수 있는데, 때문에 무조건 생명보험이 좋다, 혹은 손해보험이 좋다는 식의 구분보다는 각 상품이 가진 특성을 비교하여 선택하는 것이 현명하다.

정액보상을 특징으로 하는 생명보험 회사에서 실손보상이나 갱신형 특약이 있다면 이때는 생명보험이냐 손해보험이냐를 구분하기 어렵다. 일명 손해보험스러운 생명보험이라 부를 수 있는데, 최근 출시되는 보험 상품들은 이런 식의 상품이 많아지고 있다. S생명의 경우 종신보험에 '갱신형 특약', '실손의료비 특약' 등이 있어 생명보험 상품에 손해보험 상품을 결합시키고 있다.

그래서 과거 보험사별로 뚜렷하게 구분이 되고 상품이 다르던 시기와는 달리 최근의 상품들은 생명보험/손해보험의 구분을 하지 않고 보험 상품의 개별적인 특성을 파악하여 정액보상이 되는지 실손보상이 되는지를 확인해봐야 한다.

실손보험만으로 충분한가

앞서 살펴본 것처럼 건강보험만으로는 의료비 전액을 해결할 수 없기 때문에 민간보험을 통해 보완할 필요가 있다. 먼저 손해보험부터 살펴보자.

예전 한 항공사 광고에서 "미국, 어디까지 가봤니?"라는 카피를 쓴 적이 있다. 개인적으로 참 잘 썼다고 생각한 카피인데, 보험에도 이와 비슷한 질문을 던져 볼 수 있을 듯하다. 지금은 "보험, 어디까지 커버되니?"라는 질문을 던져봐야 할 시점이다.

실손보험의 경우 뒤에 설명할 생명보험에 비해 생활 속에서 아주 유용하게 도움을 받는 성격이 강하다 할 수 있다. 그렇기에 가장 이상적인 조합은 정액보험과 실손보험을 조합해서 가입하는 것인데 먼저 실손보험이 어디까지 의료비를 커버할 수 있는지 알아보도록 하자.

실손보험 상품은 S화재 상품을 기준으로 파악해보도록 하겠다. 일단 해당 보험사가 구비해놓은 상품에는 어떤 것이 있는지 보자.

아래의 그림을 보면 2013년 하반기 기준으로 8가지 정도의 상품이 판매되고 있다. 화재보험을 판매하는 회사가 30여 개 정도 되니 대략 240개 정도의 건강 관련 손해보험 상품이 판매되고 있음을 유추해볼 수 있다. 종류가 상당히 많은데, 그중에서 '건강/자녀' 카테고리의 마지막에 있는 '실손의료비보험'을 기준으로 살펴보자.

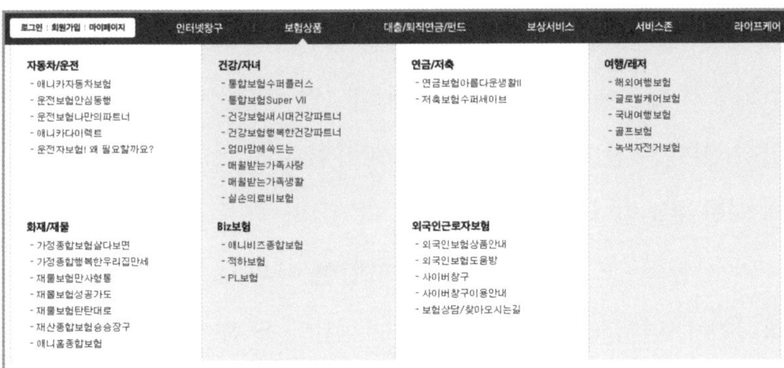

상품의 기본 사항

- 상품명: 실손의료비보험 1종

- 보험 가입 나이: 0세부터 70세

- 보험 기간: 100세까지 가능

  (*최초 가입 후 1년마다 갱신으로 15년까지 보장되며 매 15년마다 재가입할 수 있음.)

• 가입 한도: 손해보험의 특성상 별도의 가입 한도는 없음.

(*생명보험의 경우 사망보험금을 책정하지만, 손해보험은 실손(실제 발생한 손실)에 대해 보상

해주기 때문에 가입한도를 따로 산정하지 않음. 때문에 생명보험에 비해 가격이 낮을 수 있음.)

가입 기준	– 질병 상해 입원 5,000만 원 – 질병 상해 통원 30만 원(외래 25만 원/약제비 5만 원)
공제금액	– 입원: 본인 부담금액의 20%(연간 200만 원 한도) – 통원: 의료기간별 1~2만 원과 보상대상 의료비 20% 중 큰 금액 – 약제비: 처방전 1건당 8천 원과 보상대상 의료비의 20% 중 큰 금액
보험료	– 40세 남자: 월 11,194원 – 40세 여자: 월 15,427원

손해보험 상품은 어찌 보면 상당히 깔끔한 상품이다. "병원 가서 비용이 나왔습니까? 비용을 내드리겠습니다"라는 단순한 구조를 갖고 있기 때문이다. 특히 '사망'이 아닌 입원과 통원에 드는 비용을 지원해주기 때문에 정액보험에 비해 비교적 경제적인 가격으로 가입할 수 있다는 점도 장점이다. 그런데 아쉬운 점도 있는데, 바로 갱신에 대한 부분이다.

앞서 잠깐 언급했지만, 보험에 가입한 이후 매 1년마다 '갱신'을 하다가 15년이 되면 '갱신'이 아닌 '재가입'을 해야 한다. 재가입이 무서운 이유는 본인이 재가입을 원해도 보험회사가 '거절'할 수 있기 때문이다. 대신 '직전 계약과 동일한 보험 계약'으로 재가입이 가능하다고 하는 단서조항을 달아놓았는데, 가만히 살펴보면 현재 기준의 최신 상품은 가입할 수 없는 대신 15년 전에 가입했던 상품은 계약 연장(재가입)이 가능하다는 뜻이다. 시간이 지날수록 오히려 최신

의 상품 혜택을 받아야 하는데 말이다.

실손보험의 보장 내역 (1종 표준형 기준)

실손보험은 크게 상해입원·상해통원·질병입원·질병통원으로 분류하여 보상이 된다.

상해입원

상해로 인하여 치료를 받은 경우를 가리키며, 입원실료를 포함한 입원비용 등의 80퍼센트를 지급한다. 단, 해외 의료기관에서 의료비가 발생하거나 자동차보험 또는 산재보험으로 보상받은 의료비가 있다면 일부의 경우에는 보상해주지 않을 수 있다.

상해통원

상해로 인하여 통원을 하는 경우를 가리키며 실제로 납부하는 의료비 부분에서 1~2만 원 사이의 공제금액을 제외하고 실손보상을 해준다. 예를 들어 외래방문으로 진료를 받고 병원에 납부한 실제 의료비가 2만 원이고 약국에는 약값으로 1만 원 지출했다면 본인이 지출해야 할 돈은 3만 원이 된다. 이 3만 원을 전액 보상받으면 좋겠지만, '공제'라는 것이 있어 예상대로 의료비 지원을 받지는 못하게 된다.

이 경우 실손보험을 통해 보상받는 금액은 7,000원이 되는데, 계산해보면 아래와 같다.

- 병원에 납부한 금액인 2만 원에 대한 보상 금액:

  2만 원(실제지출) − 15,000원(공제금액) = 5,000원

- 약국에 납부한 금액인 1만 원에 대한 보상 금액:

  1만 원(실제지출) − 8,000원(공제금액) = 2,000원

구분	공제금액
외래	의원 등: 1만 원 병원 등: 1.5만 원 종합전문요양기관, 상급종합병원: 2만 원
처방조제비	약국: 8천 원

만약 병원비가 7,000원 나오고 약값도 7,000원 나왔다면 공제금액으로 인하여 보험회사로부터 보상받는 금액은 없게 된다.

실손보험이 실손보험이 아닌 것처럼 느껴지는 이유 중의 하나가 바로 이 공제금액 때문이다. 갱신형인 것도 좀 아쉬운데 공제금액까지 있으니 아쉬움이 클 수밖에 없다.

보상을 제대로 못 받는 실손보험 상품도 있다

생명보험의 경우엔 '보험금을 노리고' 하는 식으로 보험에 가입하면 보험금을 못 받도록 하고 있는데 실손보험은 그렇게까지 하지 않는

다. 하지만 실손보험은 '비례보상'의 원칙이 적용되어 다른 실손보험과 합쳐서 n분의 1 방식으로 보상한다.

예를 들면, 실제 지출한 의료비가 10만 원이라면 두 개의 실손보험에 가입했다고 해서 각 10만 원씩 총 20만 원을 보상받는 것이 아니라 2개의 실손보험 회사가 서로 반씩 부담하여 5만 원씩 보상해줘서 실제 지출액인 10만 원만 보상받는 원칙이다. 이는 실손보험에 여러 개 중복하여 가입했다가 보상을 중복 청구하는 이른바 '보험으로 돈 벌기'를 방지하고자 하는 보험회사의 기본 원칙이다.

실손보험에 가입하게 되면 책이나 CD 형태로 약관을 받게 되는데 그중 '다수보험의 처리' 항목을 살펴보면 중복된 보험에 대해 어떻게 처리하는지 계산식까지 친절하게 설명해주고 있다. 결론은 실손보험 회사들이 n분의 1 방식으로 보상해준다는 것을 장황하게 설명해놓았다고 보면 된다.

그렇기 때문에 실손보험 상품은 여러 개 중복해서 가입할 필요가 전혀 없다. 본인 상황에 맞는 상품만 신경 써서 고르고 나면 나머지 실손보험은 없어도 되기 때문이다. 그래서 기존 가입했던 보험을 점검할 때 우선적으로 봐야 할 사항이 바로 중복된 실손보험 상품이 있는지의 여부다. 정액보험은 중복되었다고 해서 비율을 정하여 지급하지는 않지만 실손보험은 확실히 n분의 1 원칙을 적용하기 때문이다. 가입한 보험 중 이름만 다르고 보장내용이 비슷한 상품들이 많다면 과감한 정리가 필요하다.

서두에 언급했던 질문을 다시 하면 과연 실손보험은 병원비를 다

커버해줄까?" 병원비와 약값은 분명히 커버해주지만, 다음과 같은 이유로 부족한 면이 보인다.

실손보험에 대해서는 두 가지의 아쉬움이 있는데, 첫 번째 아쉬움은 아주 큰 병의 경우에는 실제 본인부담금의 100퍼센트가 아닌 80퍼센트까지만 지원해주고 이 80퍼센트에서 상급병실료 차액이라는 비급여 항목은 지원해주지 않는다는 점이다. 두 번째 아쉬움은 40세의 경우 남자는 11,000원, 여자는 15,000원 정도의 월 보험료가 책정되어 비교적 부담이 적은 금액으로 가입할 수 있지만, 15년이 지나면 남녀 공통 최대 10만 원이 넘는 월 보험료가 필요해진다는 점이다(자세한 이유는 이어 나오는 '알아두면 좋은 의료비 상식' 참고). 진짜 병원비가 들어가야 할 시기가 가까워지면서 금액이 마구 오르게 되는 구조이기 때문에 이 역시 아쉬운 점이다. 이러한 이유로 실손보험만으로는 의료비가 충당되지 않는다는 사실을 알 수 있다.

- 손실보험, 초기에는 부담 없이 가입할 수 있다.
- 갱신형은 시간이 지날수록 부담이 늘어난다.
- 손실보험만으로는 의료비를 다 커버할 수 없다.

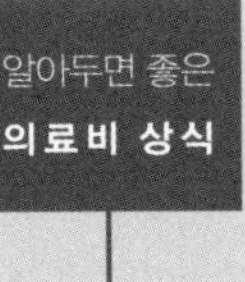

손해보험 회사의
'갱신형'이란

갱신형이라는 말은 마법의 언어로 느껴진다. 보험회사에서 매월 내는 보험료를 올릴 수 있도록 해주는 말이기 때문이다. 이제 보험회사에서 사용하는 '갱신형'이라는 단어가 어떻게 쓰이는지, 그리고 가격은 어떻게 변하는지 개략적으로 살펴보도록 하자.

S손해보험의 '갱신형'과 '재가입'에 대한 약관 내용

'갱신형' 실손의료비의 보험료는 매 1년마다 갱신 시 연령 증가 및 적용 요율의 변동(의료비 상승, 위험률 등)에 따라 인상될 수 있으며, 자동갱신 종료일까지 변경된 보험료를 납입하여야 계약이 정상 유지됩니다.

'재가입' 계약자는 이 계약의 자동갱신(최고 14회) 종료 후에 재가입 시점에서 회사가 판매하는 실손의료보험 중에서 선택하여 재가입하실 수 있습니다. 다

〈 경과기간별 예상 갱신 보험료 〉

- 가입기준: 남자 40세, 상해1급, 15년 만기, 1년 갱신
- 기본계약: [갱신형] 실손의료비(1)
  (상해입원 5,000만 원, 상해외래 25만 원, 상해처방조제비 5만 원, 질병입원 5,000만 원, 질병외래 25만 원, 질병처방조제비 5만 원)

경과 기간	연령증가 반영		연령증가 + 위험률 매년 5% 상승		연령증가 + 위험률 매년 10% 상승	
	1종(표준형)	2종(선택형)	1종(표준형)	2종(선택형)	1종(표준형)	2종(선택형)
1년	11,194	12,257	11,194	12,257	11,194	12,257
2년	10,933	11,976	11,480	12,575	12,026	13,174
3년	11,205	12,275	12,354	13,533	13,558	14,853
4년	11,686	12,805	13,528	14,823	15,554	17,043
5년	12,441	13,633	15,122	16,571	18,215	19,960
6년	13,399	14,681	17,101	18,737	21,579	23,644
15년	22,809	25,019	45,160	49,536	86,617	95,010
16년	24,543	26,907	51,023	55,938	102,522	112,397

▶ 갱신시 위험률이 변동될 경우 갱신 시점의 보험료는 상기예시와 달라질 수 있습니다.
▶ 상기 16년 시점에서는 보장내용 변경주기(15년) 만료 후 재가입을 한 경우의 예시입니다.

* 보험료 인상률 관련 유의사항(상기 가입기준과 동일)
: 위험률 최대 인상가능폭 25% 가정시 경과기간별 보험료 변동내역

구분		40세	41세	42세	43세	44세	45세
연령 증가	남자	11,194	10,933	11,205	11,666	12,441	13,399
	여자	15,427	15,676	16,618	17,638	18,817	20,174
연령 증가 + 위험률 매년 25% 상승	남자	11,194	13,666	17,508	22,824	30,374	40,891
	여자	15,427	19,595	25,966	34,449	45,940	61,566

▶ 갱신시 위험률이 변동될 경우 갱신시점의 보험료는 상기 예시와 달라질 수 있습니다.

만, 재가입 시점의 표준약관을 적용하기 때문에 보장내용 및 보장금액 등은 변경될 수 있습니다.

※ 회사는 재가입 시점의 인수기준에 따라 승낙 또는 거절할 수 있으며, 거절 시에도 계약자는 재가입 직전계약과 동일한 보험 계약으로 재가입 가능합니다.

남녀 40세의 경우를 보자. 위에 적힌 조건에 맞추어 실손보험에 가입하게 되면 처음 1년간은 매월 11,194원을 내면 되지만 15년차에는 22,089원을 내야 하고, 재가입을 하게 될 때엔 24,543원을 내야 한다. 단순하게 봐도 16년 후엔 2배 이상 매달 내야 하는 보험료가 올라가는데, 연령 증가에 더해 위험률까지 10% 반영시킨 곳을 보면 재가입할 때엔 102,522원으로 보험료가 올라가 버리게 된다. 시작할 땐 월 1만 원 정도만 내면 되는데, 16년 후엔 10배로 요금(보험료)이 오르게 되는 것이다. 여성의 경우에도 40세 기준 여성은 15,427원에서 시작하여 45세가 되면 20,174원이 되거나 위험률 상승으로 인해 시작지점의 4배의 값을 내야 한다. 5년 동안에 건강이 급격하게 나빠지는 것은 아닐 텐데도 그렇다.

위에 나열된 보험회사의 설명과 계산법을 다시 풀이해보자면, "갱신형 상품이니 매년 보험료를 올려도 내야 하고 15년 후 지금보다 건강이 안 좋아지면 재가입 못할 수도 있습니다. 물론 보험료는 당연히 매년 오릅니다"라는 뜻으로 해석하면 크게 틀리지 않다. 보험회사도 이익을 내야 하겠지만 조금은 야박하게 느껴지는 것이 사실이다. 그래서 우리가 취해야 할 조치는 제대로 된 상품을 똑똑하게 선택하는 일이다.

생명보험만으로 충분한가

경제적으로 여유가 없고 돈이 아깝다는 생각이 들어도 보험은 필히 가입하고 유지해야 한다. 의료비 측면에서 보면 병원비/치료비는 상당한 거금이 들어가기 때문이다. 보험은 훗날 이러한 거금에 대비하여 장기간에 걸쳐 조금씩 보험료를 받아 보관하면서 고객이 필요로 할 때 계약된 대로 고객에게 도움을 준다. 여기까지는 교과서적인 해설이다. 그런데 이렇게 깔끔하게 계약이 체결되고 이행되면 서로 불만이 없을 텐데 고객은 고객대로 보험사는 보험사대로 서로를 100퍼센트 신뢰하지 못하여 분쟁이 많이 발생하게 된다.

이러한 불신의 원인에는 여러 가지 이유가 있겠지만 다음의 이유도 있다. 초기 보험 상품을 판매할 때 "이 보험은 만병통치약입니다. 뭐든 이것으로 다 해결을 볼 수 있습니다"라는 식의 지나치게 열정 적이었던 보험 판매원과 교육보험만 들어놓으면 자녀가 대학에 들 어갈 때 등록금은 걱정 없다는 식으로 광고를 했던 보험회사, 그리고 순진무구할 정도로 보험 판매원과 보험회사를 믿었던 계약자들이 서로 다른 눈높이를 확인하는 순간 신뢰가 깨져버렸던 것이 이유라 할 수 있겠다. 그렇지만 각자의 상황에 맞는 보험 상품에 가입해놓는 다면, 필요할 때 요긴하게 쓸 수 있다. 의료비를 준비해야 하는 지금 우리에게 필요한 것은 소비자로서의 현명한 선택이다.

생명보험의 의료비 관련 부분

정액보험인 생명보험에는 종신보험, 연금보험을 비롯하여 종류만 해도 수십 가지다. 이 책에서 가장 중요한 것은 의료비이니, 그 부분 에 대하여 집중하여 살펴보자.

S생명보험의 홈페이지를 보면 다음의 그림과 같이 연령대별 목적 별 상품들이 한눈에 보기 좋게 나열되어 있다. '100세사랑보장보험' 을 살펴보자.

생소한 용어가 많이 나오는데, 간단히 요약해보자면 다음과 같다.

제1보험기간(80세 이전까지) 중 대중교통사고, 교통재해, 일반재해 등으로 사망하게 되면 1억 원~3억 원을 보험회사가 보험금으로 지

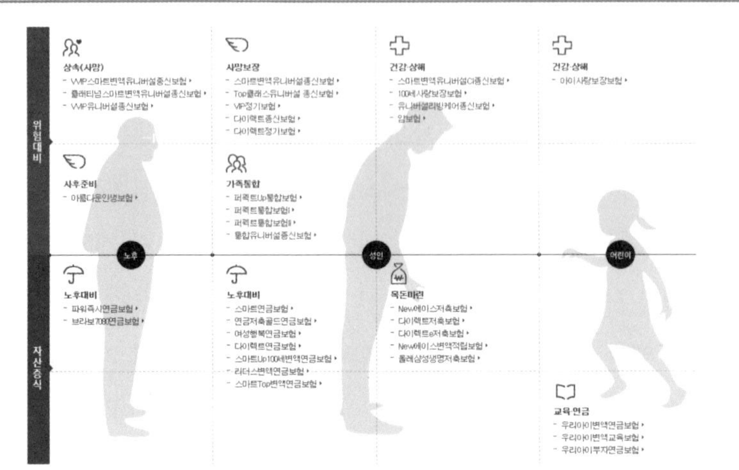

상품의 기본 사항

- 상품명: 100세사랑보장보험 1.0(무배당)

- 보험가입나이: 만 15세~최고 60세

- 보험기간: 100세 만기 (단, 실손의료비 보장특약은 별도의 조건 있음)

- 가입한도: 주보험 보험가입금액 1,000만 원~5,000만 원

보장 내역

- 주보험/고정부가특약 (기본적으로 보장받는 사항)

구분		지급사유	보험기간	지급금액
제1보험기간	대중교통사고 사망보험금	제1보험기간 중 "대중교통사고"로 인하여 사망시(*"대중교통사고"의 정의는 주보험 약관 제16조)	80세	3억 원
	교통재해 사망보험금	제1보험기간 중 "대중교통사고 이외의 교통재해"로 인하여 사망시		2억 원
	일반재해 사망보험금	제1보험기간 중 "교통재해 이외의 재해"로 인하여 사망시		1억 원

	구분	지급사유	보험기간	지급금액
제1보험기간	행복축하금	제1보험기간이 끝날 때까지 살아 있을 때(*피보험자(보험대상자)의 직업 및 직무 변경 등으로 보험료가 변경될 경우, 변경 후 보험료를 기준으로 행복축하금 지급합니다.)	80세	이미 납입한 주보험 보험료의 70%
제2보험기간	재해 사망보험금	제2보험기간 중 재해로 인하여 사망시	100세	1억 원
	만기급여금	제2보험기간이 끝날 때까지 살아 있을 때(*피보험자(보험대상자)의 직업 및 직무 변경 등으로 보험료가 변경될 경우, 변경 후 보험료를 기준으로 만기급여금 지급합니다.)		이미 납입한 주보험 보험료의 30%

▶ 주보험의 보험기간은 제1보험기간(계약일부터 80세 계약해당일의 전일까지)과 제2보험기간(80세 계약해당일부터 100세 계약해당일의 전일까지)로 구분합니다.

급해준다. 만일 고객이 80세 이상 살게 되면 '행복축하금'이라는 명목으로 그동안 납입했던 보험료의 70퍼센트를 되돌려준다고 한다.

제2보험기간(80세~100세) 중 재해로 인해 사망하면 1억 원을, 100세 이상 살게 되면 만기급여금이라는 명목으로 그동안 납입했던 보험료의 남은 30퍼센트까지 되돌려준다고 한다.

일단 기본 뼈대는 이러하다. 의료비에 해당하는 특별한 내용이 없다. 왜냐하면 정액보험인 생명보험은 그 뼈대가 '생사'의 문제에 우선 집중하기 때문이다. 그리고 우리가 꼼꼼하게 살펴봐야 하는 의료비에 대해서는 '특약'에 해당되어 별도로 선택하게끔 되어 있다.

선택특약 (주계약에 추가하여 질병, 재해, 상해 등의 보장을 추가하는 것)

특약사항들을 보면 대단히 많고 복잡한데 이렇게 복잡한 까닭은 국가의 세금제도와 마찬가지로 필요시마다 수정하고 보완하는 과정을 거치면서 각 상황에 맞게 상품을 구성하기 때문이다. 긍정적으로 보면 특약사항이 이렇게 많은 것은 소비자 입장에서는 보장 받을 수 있는 경우가 많다는 것을 의미한다. 해당 상품에 적용되는 의료비 관련 주요 특약들을 살펴보자.

• 실손의료비 특약

질병입원형/질병통원형/상해입원형/상해통원형: 질병이나 상해로 입원 또는 통원 시 입원실료 또는 처방조제비 외 기타 항목에 대해 보상해준다는 내용이다.

• 장애 또는 질병 특약

암진단특약(갱신형)/고액암진단특약(갱신형)/급성심근경색증진단특약(갱신형/1회한)/특정질병입원특약(갱신형)/특정질병수술보장특약(갱신형), 4대중증질병[뇌질환, 심질환, 간/췌장질환, 폐질환], 조혈모세포이식 등의 5대장기이식수술과 당 수술 시 300만 원 또는 500만 원을 지급해준다는 내용이다.

• 기타 특약

고도장해보장특약/상해장애연금특약/신입원특약/뇌출혈진단특약/상해장해특약 등이 있다.

생명보험으로 충분할까?

손해보험과 마찬가지로 생명보험에도 무수히 많은 상품이 있고 지금도 지속적으로 신상품이 개발되고 있기에 단순하게 이 상품이 좋고, 이 상품이 나쁘다는 식의 구분을 하는 것은 무리가 있다. 하지만 기본적인 상품 구조를 파악하고 있으면 해당 보험이 좋다, 나쁘다의 구분이 아닌 내게 적절한지, 아닌지를 구분하는 데 도움이 된다. 의료통장을 준비하는 입장에서 보면 정액보험인 생명보험은 큰 질병이나 부상에 대비할 수 있는 가장 현실적이고 경제적으로 도움이 되는 보험이다.

사망 또는 암과 같은 인생의 초대형 사건들이 자신에게 일어난다고 가정했을 때 '경제적인 면'에서 대비를 시켜주니 말이다. 하지만 생명보험에도 부족한 면은 있다. 화폐의 가치에 대해서는 특별히 고려해주지 않는다는 점이다. 지금 시점에서 1억 원이라는 큰 금액을 계약한다 하더라도 실제로 보험금을 받게 되는 시점이 50~60년 후라면 굳이 복잡하게 계산하지 않아도 그때의 1억 원이라는 돈이 지금의 1억 원보다 훨씬 낮은 가치를 갖는다는 것은 당연한 사실이다.

생명보험 상품들은 시대 상황과 변화에 맞춰 진화를 거듭하고 있는데, 2013년 현재 생명보험 회사들은 '의료비'가 화두가 될 것임을 간파하고 이에 맞게 제품을 구성하고 있다. 기존의 종신보험이 '사망'이라는 사건에 대해서만 보장했다면 최근 출시되는 보험 상품들은 보험 가입자가 선택하는 시점에서 '연금'으로 바꿀 수 있도록 해주기도 하고, 실손보험의 성격을 가미하여 생명보험 하나로 실손보험까지 커버되는 효과를 갖도록 하고 있다.

하지만 의료비 관점에서는 아쉬운 점이 있다. 현재 생명보험 회사들이 보험 상품을 현실에 맞게 고쳐서 새로 출시하는 상황이라 해도 의료실비에 있어서는 대부분의 경우 실손보험 상품을 그대로 가져와서 특약으로 묶는 형태가 많다. 즉 '갱신형' 위주로 되어 있다는 말인데, 하나의 보험을 계약하더라도 금액이 정해진 정액형과 금액이 올라가는 갱신형으로 각각 구분해야 하는 것은 분명 소비자 입장에서는 불편한 일이다. 각 보험사에서 이러한 불편함을 해소하려고 하겠지만 아직까지는 '불편함 해소 완료'라고 보이는 상품은 없기에 조금은 아쉽다.

보험이라고 하면 무조건 '생명보험'이라는 식의 접근에는 무리가 있다. 같은 막대기라고 해도 골프공을 치는 막대기와 야구공을 치는 막대기가 다르듯, 보험도 생명보험과 손해보험이 각각의 영역에서 다른 역할을 한다. 인생이 정해진 것은 아니기에 어떤 공이 날아와도 당황하지 않을 만큼의 준비가 필요하다.

- 생명보험을 잘 활용하면 의료비 부담을 줄일 수 있다.

- 의료비 측면에서 주계약보다는 특약을 잘 활용하면 좋다.

- 특약은 복잡하더라도 반드시 꼼꼼하게 확인한다.

보험회사를
선택하는 요령

분명, 20개 넘는 생명보험 회사, 30여 개 되는 손해보험 회사가 판매하는 상품 중에서 나에게 꼭 맞는 상품이 있을 텐데 찾기가 쉽지 않다. 그렇다면 우선 큰 덩어리부터 결정하는 것도 방법이다. 그런 말이 있지 않던가. 큰일이 해결되면 작은 일은 함께 해결된다는 말.

우선 상품이 너무 많아 고민이라면 어떤 회사를 고를 것인지를 먼저 결정하면 좋다. 최소한의 기준으로 2가지를 볼 수 있는데 하나는 지급여력비율이며, 다른 하나는 보험료 지급과 관련된 분쟁이 어느 정도 많은가의 문제다. 즉, 보험계약에 적혀 있는 대로 '보험금'을 달라고 했을 때 "지금은 돈이 없으니 나중에 찾으러 오세요"라고 하지 않는 것이 지급여력비율이고 보험금을 달라고 했을 때 "지금은 주고 싶지 않으니 보험금을 받고 싶으면 법대로 하세요"라고 하는 것이 분쟁 비율이라고 생각하면 된다. 적어도 보험금을 제때 지급하는 보험사라면 일단 안심할 수 있지 않겠는가.

지급여력비율(RBC)

앞으로 100세까지 산다고 했을 때 적어도 앞으로 60~70년간은 끄떡없이 건

〈 보험회사별 지급여력(RBC) 비율 현황 〉 (단위: 억 원, %, %p)

● 생보사

구분	2011.12 말	2012.12 말	전년동기 대비
한화생명	227.5	247.0	19.5
삼성생명	382.5	421.5	39.0
교보생명	246.7	256.8	10.1
흥국생명	206.4	203.3	△3.1
현대라이프	178.1	231.3	53.2
신한생명	324.0	287.7	△36.3
우리아비바	178.7	190.0	11.3
KDB생명	198.8	199.7	0.9
미래에셋	216.0	277.9	61.9
KB생명	191.7	158.2	△33.5
동부생명	181.6	278.3	96.7
동양생명	229.0	244.6	15.6
하나HSBC	170.4	249.5	79.1
IBK연금	370.2	252.0	△118.2
알리안츠	312.9	315.3	2.4
메트라이프	529.4	501.4	△28.0
PCA생명	424.6	459.5	34.9
에이스생명	607.5	541.5	△66.0
푸르덴셜	729.7	574.0	△155.7
ING생명	397.5	371.6	△25.9
라이나생명	432.5	394.7	△37.9
AIA생명	353.2	367.4	14.2
카디프생명	196.5	199.3	2.8
평균	308.4	331.1	22.7

▲ 출처: 금융감독원

구분	2011.12 말	2012.12 말	전년동기 대비
메리츠화재	190.2	173.6	△16.6
한화손해	168.5	165.5	△3.0
롯데손해	166.6	197.8	31.2
그린손해	14.3	△74.5	88.8
흥국화재	173.9	161.1	△12.8
삼성화재	444.5	435.5	△9.0
현대해상	213.0	214.9	1.9
LIG손보	203.8	182.4	△21.4
동부화재	252.1	254.4	2.3
서울보증	547.2	548.1	0.9
코리안리	203.1	204.5	1.4
악사손해	149.0	172.1	23.1
더케이손해	193.9	228.0	34.1
에르고다음	160.2	128.7	△31.5
현대하이카	143.9	151.4	7.5
AHA	228.4	253.2	24.8
ACE	300.6	255.0	△45.6
페더럴보험	405.2	374.9	△30.3
제너럴재보험	504.0	509.0	5.0
스위스재보험	289.1	263.2	△25.9
뮌헨재보험	206.2	235.5	29.3
퍼스트권원	288.5	453.3	164.8
미쓰이스미토모	1248.5	1358.1	109.6
동경해상	554.4	499.1	△55.3
스코재보험	276.0	214.2	△61.8
RGA재보험	228.8	235.3	6.5
AIGUG	869.9	1616.6	746.7
하노버재보험	315.4	277.3	△38.1
젠워스모기지	2012.2	2962.9	950.7
다스법률비용	4938.3	1560.9	△3,377.4
평균	289.5	283.3	△6.2

▲ 출처: 금융감독원

재할 보험회사여야 한다. 만약 A보험회사에 가입했는데 어느 날 망했으니 지금까지 낸 돈도 못 돌려받고, 앞으로도 연금이나 사망보험금 같은 것은 기대하지 말라고 하면 하늘이 무너지는 일 아니겠는가.(물론 이런 경우는 없다고 안심해도 된다. 보험회사는 망해도 다른 어느 회사에 인수되어 간판이 바뀌고 기존의 계약은 계속 유지된다. 하지만 급변하는 경제상황에서 이 또한 확신할 수 없기에 이왕이면 '망하지 않을 건전한' 회사를 골라야 하지 않겠는가.)

RBC(Risk Based Capital)란 보험사가 가진 각종 위험(보험, 금리, 시장, 신용, 운영 리스크)을 정밀히 측정해 이에 상응하는 자기자본을 갖도록 요구하는 제도로 RBC는 각 자산과 부채별 특성을 체계적으로 계산한다. 보험회사별로 RBC가 어느 정도인지는 금융감독원 홈페이지에서 확인할 수 있다.

민원 발생 평가 결과

정부에서는 각 금융회사별로 민원이 어느 정도 발생하는지 그리고 어느 정도 민원이 해결되는지를 발표한다. 민원 관련 자료를 찾는 법은 금융감독원 홈페이지에서 '금융소비자포털' 메뉴를 누른 후 상단에 나오는 '금융회사별 민원/제재'를 누르면 연도별 민원 발생 평가 결과를 볼 수 있다. 참고로 다음의 표는 2012년 말 기준이다. 내가 거래하고 있는 보험회사가 어디에 위치해 있는지를 살펴보자. 혹시 새로운 보험 가입을 검토 중이라면 민원이 적은 보험회사를 선택하는 것도 잊지 말자.

참고로 보험회사는 현금창출 능력이 뛰어난 업종에 속하므로 웬만한 규모 이

〈 2012년도 금융회사 민원 발생 평가 결과 〉

*등급 내 회사명은 국문 우선 가나다(알파벳) 순으로 표기

등급	은행 (15개사)	카드 (6개사)	생보 (19개사)	손보 (14개사)	증권 (20개사)	저축은행 (8개사)
1등급	대구	삼성	KB(↑)	삼성(↑)	삼성 한화투자(↑)	동부
2등급	경남 광주 부산 신한 전북	롯데(↑↑↑) 신한	교보(↑) 동부(↑) 삼성 신한 푸르덴셜 한화(↑) 흥국(↑)	현대해상 LIG손보	대우 미래에셋(↓) 현대(↓) HMC투자	신안 푸른 한국투자
3등급	기업(↓) 수협 우리 하나(↓)	현대(↓)	라이나 메트라이프(↓) 미래에셋(↑)	더케이손보 동부화재(↓) 메리츠(↓) 한화손보 현대하이카	메리츠종금 신한투자(↓) 우리투자 하나대투(↓) 하이투자 흥국투자(↓) SK	모아 현대스위스2(↓)
4등급	국민(↓) 외환(↓)		동양(↓) 우리아비바 현대라이프(↑) AIA(↓) KDB(↑)	악사손보 흥국화재(↓)	대신(↓↓) 유진투자(↑)	
5등급	농협 한국씨티(↓↓↓) 한국SC(↓↓)	국민 하나 SK(↓)	알리안츠 ING PCA	롯데손보(↓↓) 에르고다음 ACE아메리칸 AIG	교보(↓↓↓) 동부(↓↓↓) 동양(↓↓) 아이엠투자 키움	현대스위스(↓) HK

▶ (↑ ↓)는 전년 평가 대비 등급 변동, 나머지는 전년과 동일 등급 유지

▶ 한국외환은행, 한국씨티은행, 한국SC은행, AIA생명, 우리투자증권, HK저축은행은 소비자보호 소홀로 '기관경고' 조치를 받아 1등급씩 하향조정됨(HK저축은행은 하향조정 전에도 5등급임).

상의 기업들은 기회가 있을 때마다 보험사를 매입한다. 그렇기 때문에 보험회사가 없어지더라도 다른 데서 인수하기 때문에 큰 문제가 되지 않을 수 있다. 최근 '현대라이프'라는 새롭게 등장한 보험회사도 기존 녹십자생명을 인수한 것이다. 거기에 더해 보험의 경우 국가에서 '서민 경제의 중요한 부분'으로 인식하고 있기 때문에 보호장치를 많이 마련해두기도 한다. 그런데 여기에도 함정은 있다. 기존의 보험회사를 새로 인수하는 회사는 기존 고객의 계약을 그 상태로 가져갈 것인지 아니면 기존 보험회사의 고객과는 거래를 끊을 것인지를 결정할 수 있다. 그래서 처음의 조건 좋았던 상품으로 계약하여 유지해오다가 회사가 바뀌는 경우 "고객님, 죄송합니다만 더 이상 보험 계약은 유지하지 않겠습니다"라는 이야기를 들을 가능성도 있다.

이런 식으로 보험 계약이 해지되는 경우 얼마를 되돌려 받을 수 있을까? 이러한 경우 '해약환급금'만 받을 수 있게 된다. 잘 알고 있는 것처럼 보험 상품을 중간에 해약하면 해약환급금은 그동안 힘겹게 내왔던 보험료와 대비해보면 너무도 적은 금액이다.

의료통장 갖기 전에 점검해볼 것들

과연 의료비는 낮아질까

2013년 6월 말, 아주 반가운 소식이 들려왔다. 보건복지부에서 4대 중증질환 치료에 대해 모두 건강보험으로 해결해주겠다는 발표를 했다. 그 내용을 살펴보면 "과중한 의료비로 가계에 큰 부담이 되고 있는 '4대 중증질환'에 대한 건강보험급여를 필수급여, 선별급여, 비급여로 분류하고 거의 모든 의료 서비스에 건강보험을 적용한다"는 것이다.

이때 발표된 내용만을 놓고 보면 우리나라는 이제 세계 최고의 의료 천국이 된다. 사례로 제시된 내용을 보면 대장암 환자 A씨의 경우 전이성 결장암으로 수술 및 지속적인 항암제 투여가 필요하다고 했을 때 2013년 기준 총 의료비 1,918만 원 중 1,625만 원을 부담해야 하지만, 2016년 이후에는 98만 원으로 의료비가 '확' 경감된다고 한다. 아래의 그림은 정부에서 발표한 사항이다.

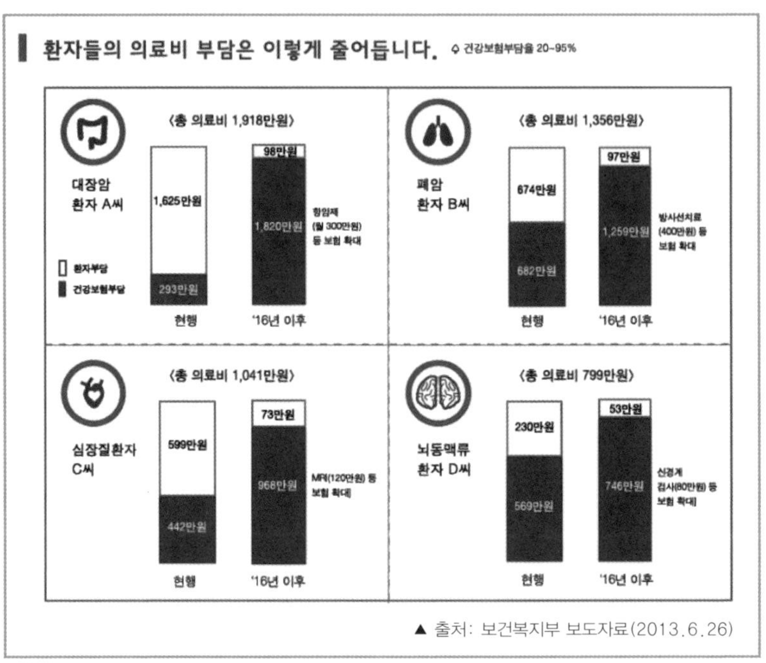

▲ 출처: 보건복지부 보도자료(2013.6.26)

그렇다면 지금까지 해왔던 의료통장에 대한 고민은 불필요한 일이 되는 것 아닌가? 문제는 의료비 자체는 줄어들지 않는 데 있다. 무슨 소리인가. 방금 의료비 부담이 앞으로 확 줄어들 것이라는 보건복지부의 발표를 설명해놓고 의료비가 줄어들지는 않을 것이라는 말을 하고 있으니 의아할 것이다. 다시 살펴보면 전체적인 의료비의 크기는 변하지 않는다는 것을 알 수 있다. 다만 내가 부담하느냐 건강보험이 부담하느냐 비율의 변화가 있을 뿐이다. 앞서 살펴보았던 대장암 환자 A씨의 경우, 현행 기준으로는 총 의료비인 1,918만 원에서 환자가 부담할 금액이 1,625만 원이고 건강보험의 부담액이 293만 원인데, 2016년 이후에는 환자의 부담이 98만 원이고 나머지 1,820만 원에 대해 건강보험이 부담해준다는 것이다. 여기서 우리가 생각해볼 문제를 발견할 수 있다.

건강보험 부담액의 불확실성

박근혜 대통령은 '원칙과 신뢰'를 지키는 이미지를 갖고 있다. 그런만큼 후보자 시절 약속했던 공약을 지키고자 하는 강한 의지를 갖고 있을 것이라 생각되지만 세상만사가 의지만으로 된다면 얼마나 좋겠는가. 우리나라의 모든 어르신에게 한 달 20만 원을 연금으로 드리겠다는 공약도 2013년 현재 상위 몇 퍼센트는 주네 마네, 하위 몇 퍼센트는 일부만 주고 대신 다른 돈을 주네 마네 하는 식으로 '재원 마련'의 문제 때문에 공약(公約)이 공약(空約)이 되어가고 있다.

보건복지부가 발표한 획기적인 건강보험 부담액 경감 방안이 과연 발표된 내용대로 될 수 있을지 의문이다. 시행 시기도 당장 올해부터가 아닌 2016년이고 재원 마련도 현재 준비되어 있는 재원에 더해서 (1) 누적 적립금 활용 및 보험 재정의 효율적 관리 등을 통해 최대한 조달하고 (2) 건강보험료는 물가 수준 및 수가 인상 등을 고려

하여 통상적인 수준(매년 1.7~2.6퍼센트)으로 관리함으로로써 국민 부담
을 최소화하겠다는 계획이다. 즉, 별도의 재원 마련 없이 직장인들로
부터 조금씩 더 걷어서 재원을 마련하겠다는 접근이라 볼 수 있다.

　의료비는 정해져 있고, 내가 내느냐, 국가가 내느냐의 비율의 문
제만이 남는 상황에서 국가 재정이 부족하다면 결국 내가 내야 할 금
액은 변하지 않을지도 모른다는 점을 미리 염두에 두어야 한다. 어떤
사안이든 최선의 경우와 최악의 경우를 가정해보는 일이 필요하다.
의료비 관련하여 최선의 경우는 정부 발표대로 건강보험에서 많은

〈 건강보험 재정추계 결과 〉 (단위: 억 원)

구분	전체 수입	전체 지출	당기수지
2012	415,590	415,871	-281
2013	440,372	455,494	-15,122
2014	466,445	497,515	-31,069
2015	493,919	541,675	-47,756
2016	522,864	588,486	-65,623
2017	553,167	638,399	-85,232
2018	584,808	691,865	-107,057
2019	617,967	749,487	-131,521
2020	652,753	811,908	-159,155
2025	766,792	1,059,329	-292,537
2026	790,912	1,117,592	-326,680
2030	893,004	1,370,252	-477,248

▶ 보험료, 수가 미인상 가정　　　　　　▲ 출처: 건강보험공단 건강보험 정책 연구원

부분을 부담해주는 것이고 최악의 경우는 정부의 재원 부족으로 인해 2016년이 되어도 커다란 변화가 없는 상황이 될 수도 있다.

앞에서 살펴본 표는 2011년 1월에 건강보험 정책 연구원에서 발표한 내용이다. 건강보험료를 인상하지 않으면 2020년에는 16조 원의 재정적자를 2030년에는 47조 원의 재정적자를 기록할 것으로 예상되어 매년 3~5퍼센트의 건강보험료 인상이 필요하다는 주장의 근거로 사용되었다.

다시 말하면 현재 8만 원인 직장 가입자들의 월평균 보험료는 2020년 19만 원, 2030년 36만 원까지 증가해야 겨우 건강보험의 재정적자를 피할 수 있다는 뜻이다. 이러한 건강보험료 인상 없이 정부에서 어느 정도 현재의 장밋빛 정책을 실현시킬 수 있을지 의문이다.

비급여 항목의 미해결

병원비에서 가장 큰 부담으로 작용하는 것이 비급여 항목이다. 앞서 살펴본 것처럼 여러 상황에 따라 배보다 배꼽이 더 큰 상황을 만드는 것이 바로 비급여 항목이다.

정부 발표 내용을 보면, 비급여 항목에 대해서도 체계적으로 점검하여 환자의 부담을 낮추겠다고 하는 것인데, 그 '체계적인 방안'은 크게 두 가지다. 첫째는 간병비가 전혀 들지 않도록 '보호자 없는 병원 시범사업'이고 둘째는 '의료비 지원사업'이다. 차라리 재원을 추

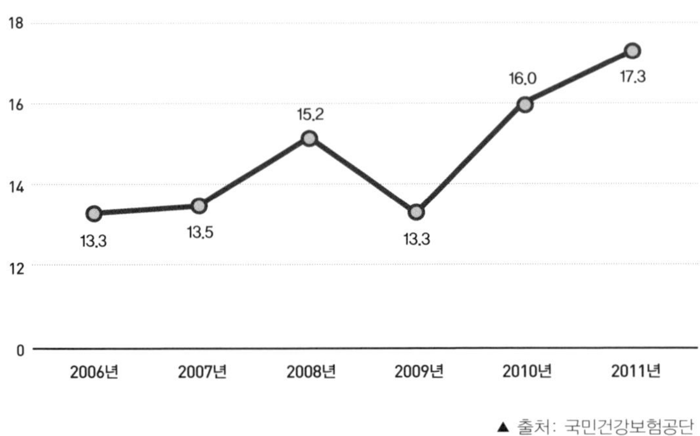

가적으로 마련해서 비급여 항목까지 지원해준다고 하면 더 좋을 것을 복잡하게 개선방안을 준비하고 있는 것은 아닌지 모르겠다.

실효성 측면에서 과연 어느 정도 비급여 항목이 개선될지 의문이다. 자력갱생(自力更生: 남의 힘에 의지(依支)하지 않고 자기(自己)의 힘으로 어려움을 타파(打破)하여 더 나은 환경(環境)을 만드는 일)의 의미를 다시금 짚어봐야 할 때이다.

물론 비급여 항목 역시 앞으로 개선될 것으로 충분히 기대해볼 수 있지만, 피부로 와 닿을 정도로 개선될 것으로는 생각되지 않는다. 확률적으로 건강한 사람이 암, 심장질환 등의 무시무시한 4대중증질환에 걸리게 될 시기는 적어도 30년 정도 후가 되지 않을까 싶기 때문이다. 그때엔 모든 국민이 완전한 무상의료 혜택을 받을 수 있는

나라가 되면 좋겠다.

마지막으로 국민연금이든 건강보험이든 고령화 사회가 급속하게 진행됨에 따라 의무를 부담해야 하는 층은 줄어들고 혜택을 받는 층은 늘어난다는 점도 고려해야 한다. 훗날 건강보험이나 국민연금의 혜택을 필요로 할 때 "미안합니다. 고객님. 재원이 없습니다"라는 상황이 되지 않으면 좋겠다는 것이 필자의 소박한 바람이다.

- 정부에서는 의료비를 줄여주겠다고 한다.
- 하지만 의료비 자체는 줄지 않는다.
- 비급여 항목 역시 여전히 풀지 못한 숙제다.

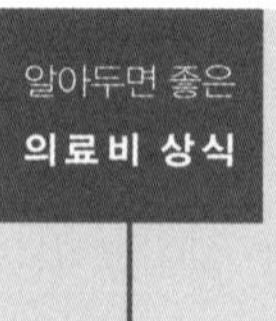

4대중증질환

2012년 12월에 대통령에 당선된 박근혜 대통령이 공약사항으로 내걸었던 4대중증질환에는 과연 어떤 것들이 있을까? 아래는 4대중증질환에 대한 세부적인 설명이니 참고하기 바란다(아래에 기술되는 설명은 2013년 6월에 보건복지부에서 발표한 보도자료를 기초로 함).

영화 〈AI〉처럼 복제인간이 등장하고 영화 〈제5원소〉처럼 사람을 3D 프린터로 찍어내지 않는 이상 아래의 4대중증질환은 지금도 그러하고 미래에도 가장 무서운 '중증' 질환일 것으로 보인다. 완전하게 건강보험 적용이 되는 시기에 발병하면 그나마 경제적으로 도움이 되겠지만 내일 일도 알 수 없는 상황이지 않는가. 확률을 보면, 4대중증질환 환자가 2012년 기준 159만 명이니 우리나라 인구 5,000만 명을 기준으로 놓고 보면 대략 3퍼센트의 국민이 4대중증질환으로 고통 속에 있다는 사실을 알 수 있다.

암

인체에서 무절제하게 번식하며 장기를 파괴, 생명을 위협하는 악성종양으로
종류가 많고 치료 방법이 복잡(환자 수 90만 명)

• 간암, 갑상선암, 결장암, 고환암, 골수이형성증후군, 구강암, 급·만성골수성백혈병,
급성림프구백혈병, 난소상피암, 뇌종양, 뇌하수체선종, 다발성골수종, 담낭암, 담도암,
대장암, 만성림프구백혈병, 망막모세포종, 맥락막흑색종, 방광암, 복막암, 부갑상선암,
부신암, 비소세포폐암, 비호지킨림프종, 설암, 악성림프종, 악성흑색종, 안종양, 외음부
암, 요도암, 위림프종, 위암, 유방암, 육종, 음경암, 인두암, 자궁경부암, 자궁내막암, 자
궁육종, 전립선암, 전이성뇌종양, 직장암, 직장유암종, 질암, 척수종양, 췌장암, 침샘암,
편도암, 편평상피세포암, 폐선암, 폐암, 피부암, 항문암, 후두암, 흉선암 등

심장질환

심장과 주요 동맥에 발생하는 질환으로 심장이 구조적으로 이상이 있거나 식·
생활습관으로 인하여 발생(환자 수 7만 명)

• 심장의 양성신생물, 심장 침범이 있는 류마티스 열, 만성 류마티스 심장질환, 허혈
성 심장질환(협심증, 급성 심근경색증 등), 폐성 심장병 및 폐순환의 질환(폐색전증, 기타 폐혈
관질환), 기타 형태의 심장병(급성 심낭염, 폐동맥판장애, 급성 심근염, 심부전 등), 대동맥의 죽상
경화증, 달리 분류된 질환에서의 동맥, 세동맥 및 모세혈관 장애, 대동맥궁증후군, 순
환기계통의 선천기형, 대정맥의 선천기형, 흉곽의 혈관, 심장의 손상 등

뇌혈관질환

뇌혈관이 막히거나 출혈 등으로 인해 발생하는 질환으로 발병 초기 사망률이

높아 급성기 치료가 중요한 질환(환자 수 3만 명)

- 뇌혈관 질환(지주막하출혈, 뇌내출혈, 뇌경색증 등), 경동맥의 동맥류 및 박리, 후천성 동정맥누공, 순환기계통의 기타 선천기형(대뇌전 혈관의 동정맥기형, 대뇌혈관의 동정맥기형 등), 두개내손상 등

희귀난치성질환

동일 질환의 대상 환자 수가 적고 적절한 치료법과 대체 의약품이 개발되지 않아 완치가 어려운 질병으로 복지부가 산정특례 대상으로 지정한 138개 질환(환자 수 59만 명)

- 용혈-요독증후군, 선천성 적혈구생성빈혈, 무과립구증, 면역결핍증 및 사르코이드증, 내분비샘의 장애, 대사장애, 다발성 경화증, 망막 장애, 심근병증, 크론병, 궤양성 결장염, 자가면역성 간염, 수포성 장애, 연소성 관절염, 전신 결합조직 장애, 강직성 척추염, 선천기형 등

의료비는 언제 어느 정도 필요한가

의료통장 마련 프로젝트를 시작할 때 가장 먼저 해야 할 일은 '계획'을 세우는 일이다. 지금 비행기를 타고 여행을 가려는데, 기장이 "안녕하십니까. 승객 여러분. 일단 목적지는 미정이지만 연료는 가득 채워두었으니 갈 수 있는 데까지는 가보겠습니다"라고 안내방송을 하면 얼마나 당황스럽겠는가. 이와 마찬가지로 의료통장을 마련하는 데 가장 먼저 생각해봐야 할 일은 어느 정도의 예산을 세워야 하는지를 계획하고 이에 따라 자금 마련 계획을 세우는 일이다.

의료통장 계획을 세울 때 어려운 점이 있다면 건강상태는 계획대로 되지 않는다는 점이다. 내일 아침에 출근하다가 갑자기 사고가 날 수도 있고 평생 술, 담배를 즐기며 살아도 건강하게 노후까지 보낼 수도 있다.(실제로 담배 피우는 대부분의 사람들은 오랫동안 흡연을 해왔어도 건강한 사람을 어떻게든 발견하여 자기도 그렇게 되리라는 헛된 소망을 가지고 있다.) 그렇기에 우리는 보통의 경우와 보통이 아닌 경우를 함께 생각해봐야 한다. 자, 예산을 책정하기 위한 밑그림부터 그려보자.

의료비 발생 시기를 그림으로 그려보자

일반적인 경우

먼저 일반적인 경우를 살펴보자. 65세 전까지는 특별히 의료비에 돈이 나가지 않는다. 굳이 들어가는 돈이 있다면 감기에 걸렸을 때 약국에서 감기약을 사먹거나 병원에 가서 주사를 맞는 정도. 이 시기엔 아파도 다음 날 출근도 해야 하고, 일도 해야 하기에 자의든 타의든 관계없이 의료비 지출이 거의 없는 시기라 볼 수 있다.

〈일반적인 의료비 발생 시기〉

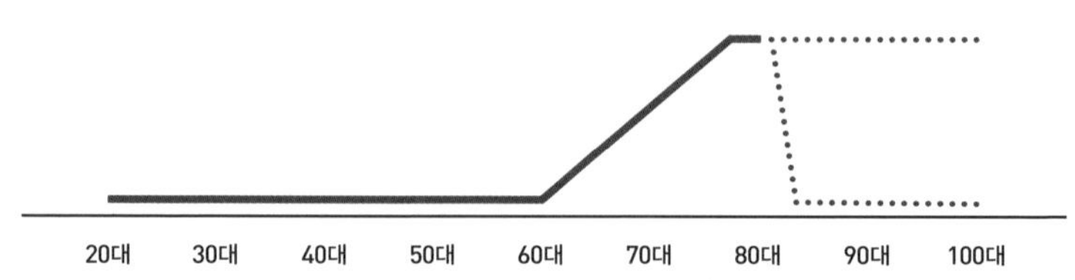

따라서 의료비 그래프를 보면 60대 진입 전까지는 의료비 지출이 거의 없다고 보면 된다. 주위를 둘러보라. 요즘은 60세 이전이면 젊은 편에 속하기 때문에 지하철 노약자석에 앉지도 못한다. 60대 이전의 젊고 건강한 사람에게 '의료비'는 남의 이야기일 뿐이고 실제로 아파서 병원에 입원할 가능성도 비교적 적은 편이라 할 수 있다. 그렇기에 지금 당장은 의료비가 발생하지 않는다. 하지만 지금 의료비를 내지 않는다고 해서 앞으로도 내지 않는다는 보장은 없다. 또한 '건강수명'을 통해 평균 70세부터 80세까지는 사망 직전 아프기 시작하는 나이라는 것을 이미 알고 있다.

탈무드에 보면 "인생에서 늦어도 상관없는 두 가지가 있는데, 그것은 결혼과 죽음이다"라는 말이 있다. 여기에 한 가지 추가하자면

〈연령대별 1인당 월 진료비〉

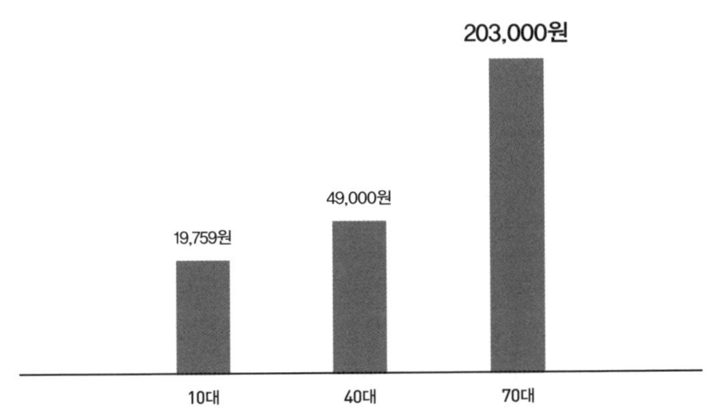

의료비 역시 그렇다. 늦게 들어가도 상관없는, 아니 늦으면 늦을수록 좋고 아예 없으면 더 좋은 것이 의료비 아니겠는가.

일단 의료비는 통상 60대를 지나면서 서서히 증가해서 70대에 들어서면서 정점을 찍고 80대까지 이어지는 모습을 보인다고 생각하면 된다. 그리고 80대 이후는 아직 통계적으로 어떻다 말할 수 없기에 의료비가 계속 발생하는 최악의 경우, 그리고 건강을 회복하여 의료비 발생이 없어지는 최선의 경우로 나누어 보았다. 우리는 아마 이 그래프 양 극단의 어느 가운데에 위치하지 않을까 싶다.

일반적이지 않은 경우

아래의 그래프를 보면 때마다 아파서 거액의 의료비를 지출하는 것처럼 보이기도 하는데, 그보다는 인생의 어느 시기에 한번은 큰 병을 겪었다 건강을 회복하고, 다시 노후를 맞아 아프기 시작하는 경우라고 이해하면 된다.

일반적이지 않은 경우라고 표현했지만, 사실 주위를 둘러보면 이와 같은 경우가 종종 생기는 걸 볼 수 있다. 갑작스런 사고나 질병 때

〈 일반적이지 않은 의료비 발생 시기 〉

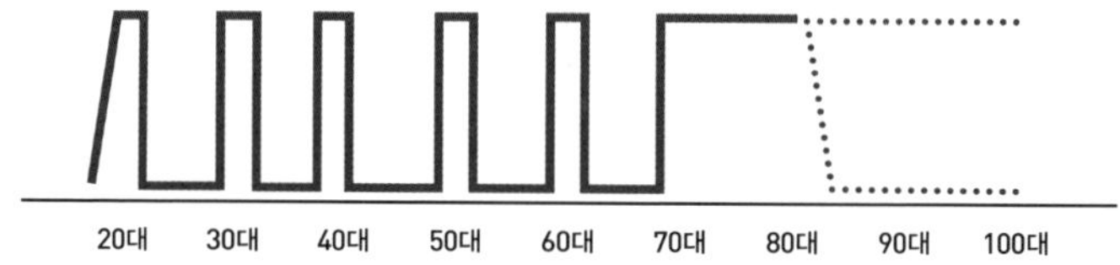

문에 큰 고생을 하고 다시 회복하는 경우가 이에 해당한다. 필자의 경우에도 40대에 이른 지금까지는 크게 병원비를 지출할 일은 없었다. 하지만 필자 역시 나이가 들면 한번은 아플 것 같은데, 많이 아프지 않기만을 바랄 뿐이다. 특히 젊은 나이에 병으로 일찍 세상을 떠나간 스타들을 보면 더욱 그러한 생각이 간절해진다.

다시 본론으로 돌아가보면 일반적이지 않은 경우가 사실은 일반적일 수 있다. 즉, 누구나 한번은 심하게 아플 수 있다는 것이다. 4대중증질환의 환자가 전 국민의 3퍼센트 정도라는 것을 기준으로 볼 때, 내가 그 3퍼센트에 속할 가능성은 항상 존재하는 것이다. 다만 그 시기가 언제인가의 문제가 남을 뿐이다. 물론 그럴 가능성조차 없는 것이 최상이겠지만 의지만으로 안 되는 것이 바로 질병 아니겠는가.

아래의 그림을 보면 고혈압과 당뇨병은 50대와 60대에 주로 발견

〈고혈압 / 당뇨병 최초 진단 시기〉 (단위: %)

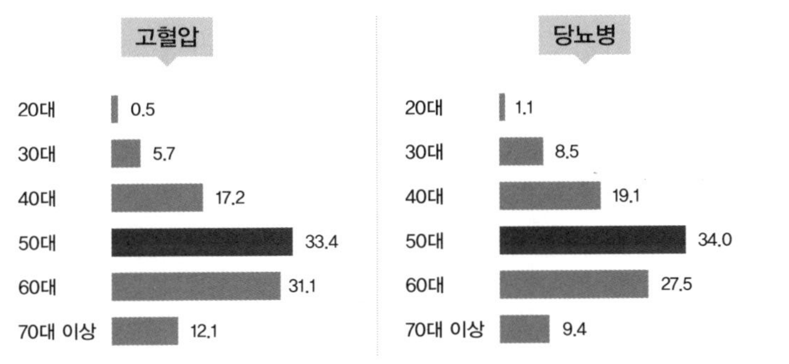

▲ 출처: 한국보건사회연구원

된다는 것을 알 수 있다. 하지만 희박한 비율이지만 20~30대 사이에도 일부 발견된다. 의료비 발생 시기는 일반적인 경우와 일반적이지 않는 경우가 항상 공존한다.

의료비, 얼마나 나올 것인지 생각해보자

의료비가 언제 발생할지 예측하지 못하는 상황에서 얼마나 나올지를 예측한다는 것은 대단히 무모한 접근일지도 모른다. 하지만 언제 아플지 모르는 만큼, 질병이 찾아왔을 때 당황하지 않기 위해서라도 미리 계산해봐야 한다. 자동차를 탈 때 보험에 의무적으로 가입하는 것도 '교통사고'가 언제 어떻게 날지 모르니까 그러한 것 아니겠는가.

이제 의료비를 얼마만큼 준비해야 "의료비 걱정은 없다"라고 말할 수 있는지 살펴보자.

환자의 공식적 부담액은 400만 원으로 충분

소득 수준에 따라 차이가 있지만 최대치의 공식적 부담액은 400만 원이라 할 수 있다. 일명 건강보험의 혜택에 따라 급여항목(건강보험의 지원을 받는 치료비)에 대해서는 의료비가 400만 원 한도로 정해져 있기 때문이다. 22억 원 정도의 병원비가 나왔어도 연 400만 원 이내의 의료비만 부담했던 사례를 앞서 살펴보았다. 우선 병에 걸렸을 때 '공식적'으로 지불해야 할 최대의 부담액은 400만 원이라고 보면 된다.

소득구간	1분위	2분위	3분위	4분위	5분위	6분위	7분위	8분위	9분위	10분위
현행	200만 원					300만 원			400만 원	
개선	120	150		200		250		300	400	500

참고로 위의 표는 2013년 8월에 발표된 본인부담 상한제 개선 방안의 주요 내용이다. 핵심은 소득이 적은 계층의 부담금은 더 줄여주고 소득이 많은 계층의 부담금은 더 늘리겠다는 것인데, 아직 검토 단계이지만 향후엔 개선안이 적용될 것으로 예상해볼 수 있다.

환자의 비공식적 부담액은 부르는 게 값

문제는 건강보험의 혜택을 받을 수 없는 비급여 항목이다. 이는 '비공식적'으로 지불해야 하는 금액인데, 실질적으로 병원비가 비싸게 여겨지는 주요 원인이기도 하다. 비급여 항목에 대해서는 앞서 살펴보았으니 여기서는 간단히 '부르는 게 값'이라는 정도로만 정리하겠다.

그리고 또 다른 비공식적 부담액이 있다. 바로 무릎 관절증, 알츠하이머 치매, 대퇴골(넓적다리뼈) 골절, 폐렴, 백내장, 인슐린 비의존형 당뇨병 환자의 경우에는 정부의 혜택을 받지 못하고 있다. 이는 4대 중증질환이 아니면서, 연간 진료비 500만 원 이상이 지불되고 있는 것이 현실이다. 워낙 비급여 항목이 많이 포함되어서 그러한데, 정부에서는 4대중증질환에만 집중하고 있으니 이 질환을 앓고 있는 환

항목	최고가 병원(금액)	최저가 병원(금액)	차이(배수)
1인 병실	삼성서울병원 (48만원)	서남대병원 (2만 6,000원)	45만 4,000원 (18.5배)
MRI(척추)	건국대병원 (127만 7,000원)	검단탑병원 (12만원)	115만 7,000원 (10.6배)
MRI(전신)	신촌세브란스병원 (123만 4,000원)	한마음재단하나병원 (40만원)	83만 4,000원 (3.1배)
복부 초음파	삼성서울병원 (22만 5,000원)	강원도영월의료원 (2만 5,000원)	20만원 (9배)
PET CT(뇌)	강남세브란스병원 (110만 2,000원)	화순전남대병원 (30만원)	80만 2,000원 (3.7배)
PET(전신)	충남대병원 (156만원)	중앙대병원 (65만 3,000원)	90만 7,000원 (2.4배)

▲ 출처: 경제정의실천연합(경실련) 및 건강세상네트워크

자와 가족들의 걱정과 불만이 클 수밖에 없다. 언제 아플지도 모르는 상황에서 보험 적용이 되는 질병과 안 되는 질병이 가려서 찾아오지는 않기 때문이다.

환자가 부담하는 비공식적인 금액, 즉 비급여 항목과 이런저런 환자의 직접 부담액을 최대 400만 원으로 정해보자. 왜냐하면 환자의 공식적 부담액이 400만 원인데, 기타 비용이 이를 넘어서면 안 된다고 생각하기 때문이다. 배보다 배꼽이 큰 경우가 적어도 의료비에서는 해당사항이 없어야 한다는 신념이다. 참고로 다음의 그래프는 보건복지부에서 2011년 기준으로 조사한 내용으로 비급여 항목이 전체 의료비에서 어느 정도의 비율을 차지하고 있는지를 보여준다.

2011년을 기준으로 하였을 때 건강보험에서 62퍼센트를 부담하

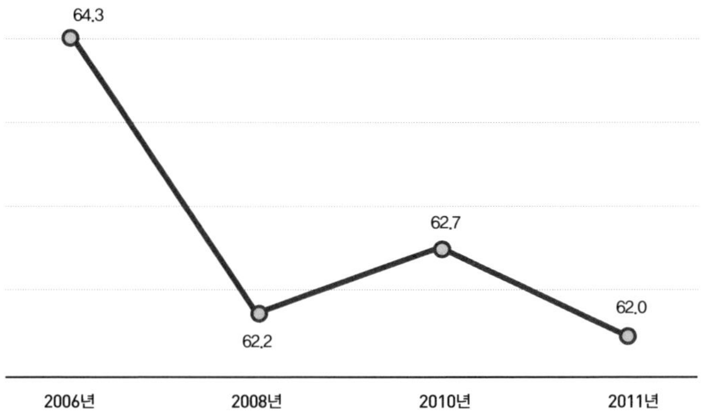

▶ 보장률 전체 의료비에서 건강보험이 지급하는 비용의 비중

▲ 출처: 국민건강보험공단

고, 나머지 38퍼센트는 비급여 항목으로 환자의 주머니에서 직접 나간다고 보면 된다. 아직까지는 6대 4 정도의 비율이 유지되고 있으니 비급여 항목의 비중이 높아진다 해도 5대 5 이상은 되지 않을 것이라고 예측해볼 수 있다.

기회비용도 따져보자

앞서 살펴보았지만, 아쉽게도 '병가'는 무급인 회사가 많다. 그렇기에 병가를 내고(사실 병가를 인정해주는 것만으로도 회사 입장에서는 상당히 배려를 많이 해줬다 할 수 있다. 적어도 퇴사 조치를 하는 것이 아니니 말이다) 병원에 있는 동안에는 월급이 들어오지 않는다. 즉, 벌 수 있는 돈을 벌지 못하니 비용이 나가는 것으로 봐야 한다.

(단위: 일)

구분	위암	폐암	간암	대장암	방광암	갑상샘암	유방암	자궁경부암
남성	32	47	38	37	17	12	0	0
여성	36	45	39	39	17	11	33	35

▲ 출처: 보험개발원

단순한 계산을 해보면 [월급×입원 개월 수]가 된다. 예를 들어 월급이 500만 원인 경우 교통사고로 2개월간 입원해야 한다면, 기회비용은 1,000만 원이 된다.

앞의 표를 보면, 암의 경우 대략 1~2개월 정도의 입원 기간이 필요하다는 사실을 알 수 있다. 그러니 '암'을 기준으로 최대 4개월 정도의 월급이 기회비용인 셈이다. 여기에 덧붙여 입원해 있는 2개월 동안 생활비 역시 계속 발생하게 되므로 의료통장에 준비해야 할 기회비용의 총 크기는 4개월의 기회비용 + 2개월의 생활비로 총 6개월치의 월급이다.

- 건강보험 급여 항목 400만 원
- 비급여 항목 400만 원
- 6개월간의 월급을 의료통장으로 준비해야 한다.

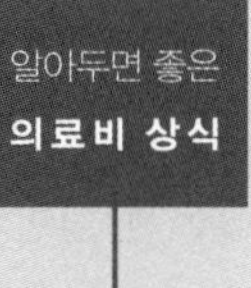

선별급여에 대해 알아보자

기존의 건강보험 혜택은 O/X 구조였다. 지원이 되는 경우엔 '급여'로 표시되고, 지원이 안 되는 경우엔 '비급여'로 구분했던 것이다. 그런데 2014년부터는 기존의 O/X 구조를 약간 변경하여 O/X 사이에 △를 넣어 O/△/X 구조가 적용된다. 간단하게는 O와 X는 기존의 것을 그대로 유지하고 △는 병원비의 일부(50~80퍼센트)만 지원하는 구조라고 이해하면 되는데, 보건복지부에서 설명하는 내용은 다음과 같다.

필수급여([O] – 기존에 급여로 표현되던 것)

기존 건강보험의 지원이 적용되는 것은 모두 필수급여에 포함되어 있으며 우선, 4대중증질환 치료에 꼭 필요한 의료 서비스 범위를 확대해 건강보험 '필수급여'에 포함시켜 모두 급여화하는 것으로 변경되었다.

- 기존의 암, 뇌, 척추질환에만 적용되던 MRI 검사가 심장질환에까지 확대

- 생존률 개선 효과가 큰 고가 항암제, 희귀난치성질환 치료제, 수술 시 사용되는 치료재료도 건강보험이 적용

  (*필수급여 위주로 의료 이용 시 법정 본인부담금은 5~10퍼센트)

선별급여([△] – 2013년에 신설된 항목)

기존 보험에서는 지원되지 않았으나 카메라 내장형 캡슐내시경, 초음파 절삭기 등 사회적 수요가 높은 최신 의료에 대해 새로 급여 항목에 포함시킨 것. 다만, 본인부담금은 50~80퍼센트로 필수급여처럼 대부분을 지원해주는 것이 아니라 '일부지원' 해준다.

- 비필수적 의료임을 감안, 의료기술에 따라 일정 부분(예: 50~80%)을 본인이 부담하며, 3년마다 선별급여대상을 재평가하여 필수급여로 전환하거나 본인부담률을 조정

- 본인부담 차등화: 비필수적의료인 점 감안, 건강보험에서 일부(예:50~80%, 대체가능의료행위 수가 등) 지원(본인부담상한제 적용 배제)

- 정기적 재조정: 3년마다 재평가, 비용효과성이 향상되거나 사회적 수요가 큰 의료는 필수급여 전환, 본인부담 조정 등 사후관리

- 가격설정: 지나친 저가격 책정으로 의료 발전에 저해되지 않도록 의료기술 특성을 감안한 다양한 가격방식 적용

- 수가조정: 선별급여 도입으로 고가 의료 서비스 가격이 인하되는 경우, 대체가능한 현행 의료행위의 급여수가를 합리적으로 조정

- 새로 개발된 신의료기술은 합리적 진입기준을 마련하여 급여화

비급여([X] – 기존의 비급여)

미용·성형 등 치료와 무관한 의료 서비스는 계속 '비급여' 유지

〈 필수급여 / 선별급여 / 비급여 예시 〉

구분	필수적 의료 → 보험급여	비용효과 미흡 → 선별급여	미용·성형 등 비급여 → 비급여 유지
항목 예시	• 초음파 급여 전환 • MRI 급여기준 확대(심장질환까지적응증 확대) • 세기변조 방사선 치료 급여기준 확대 • 고가 항암제 급여 • 수술 후 유착방지제 • 치료약 결정을 위한 유전자검사 • 혈전제거용 압박스타킹 • 내시경 수술 등에 사용되는 자동봉합기 급여기준 확대(인정갯수)	• 카메라 내장형 캡슐 내시경(100~200만원) ＊ 대체 가능한 대장내시경은 최고 8만원 • 초음파절삭기(40~125만원) • 유방재건술(150~750만원) • 수면내시경 환자관리료(4~21만원) • 가온가습기능이추가된 호흡회로(7~12만원) • 혈관중재적 시술후 지혈용 기구(1~44만원)	• 미용 목적의 레이저 시술 • 비타민 영양제 • 소화제 • 흉터제거술 • 주름제거용 재료

의료비 3층 보장 시스템

지금까지 살펴본 바와 같이 노후에 든든한 의료비를 마련하기 위해서는 의료비뿐만 아니라 기회비용 등 꽤 많은 비용이 필요하다는 사실을 알았다. 그렇다면 의료비와 기타 비용들을 어떻게 마련하고 준비해야 하는지 알아보자. 사실, 필자가 제안하는 의료통장 마련 프로젝트는 엄청난 자제심이나 능력을 요구하지는 않는다. 누구에게나 크게 부담되지 않는 선에서 실행 가능한 방안들을 제안하려고 노력했다. 보통 직장인들의 월급에서 부담을 최소화하는 합리적인 방법을 모색했다.

의료비에도 3층 보장 시스템이 적용된다

보통 노후 대비 3층 보장 시스템이라고 하면 아래의 그림처럼 피라미드형으로 연금이 구성된다. 이와 마찬가지로 의료비도 3층 보장 시스템으로 구성할 수 있다. 아래의 그림을 좀 더 자세히 보자.

그림을 보면 연금을 준비하는 3개의 주체가 보인다. 우선 가장 기본적인 사회보장은 국가에서 마련한 국민연금으로 뒷받침해주고 그다음으로는 기업에서 퇴직연금을 통해 표준적인 생활을 보장해준다. 그리고 마지막으로는 좀 더 여유로운 노후를 위해 개인이 준비해야 하는 개인연금이 있다. 이렇게 3개 층의 연금제도를 통해 노후를 안정적으로 보낼 수 있는 준비가 가능하다는 것이 3층 보장 시스템의 핵심이다.

〈 연금 3층 보장 제도 개념도 〉

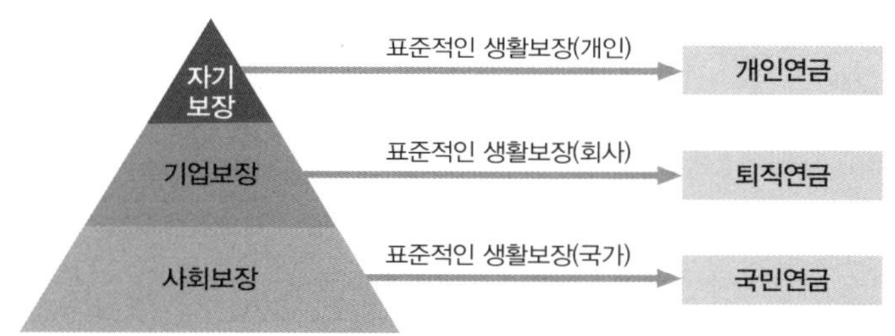

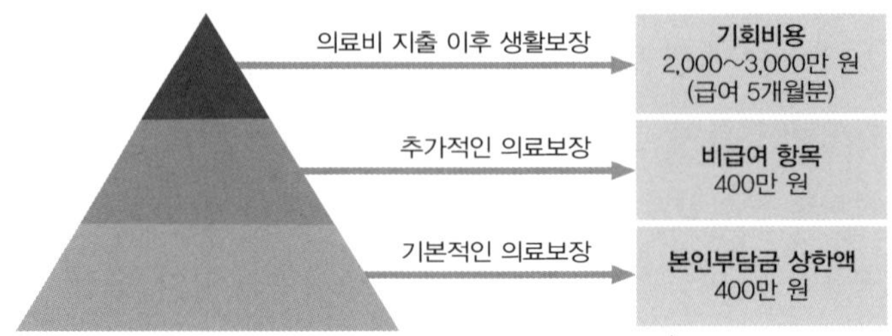

　이 개념을 의료통장에도 그대로 적용하여 개념도를 그려보면 위와 같다. 개념도를 보면, 의료비를 대략 얼마나 준비하면 되겠구나, 감을 잡을 수 있을 것이다. 월급에 따른 소득별 의료통장 목표 금액

〈 소득별 의료통장 목표 금액 예시 〉　(단위: 만 원)

월급	총 목표 금액	구성내역		
		기회비용	본인부담금 상한선	비급여 항목
150	1,700	900	400	400
200	2,000	1,200	400	400
250	2,300	1,500	400	400
300	2,600	1,800	400	400
350	2,900	2,100	400	400
400	3,200	2,400	400	400
450	3,500	2,700	400	400
500	3,800	3,000	400	400
600	4,400	3,600	400	400
700	5,000	4,200	400	400

은 표를 참고해주기 바란다.

총 목표 금액을 기준으로 했을 때, 월급이 150만 원인 경우의 1,700만 원 목표 금액부터 시작해서 월급이 700만 원일 경우 5,000만 원까지 준비할 필요가 있음을 알 수 있다. 혹시라도 의료통장에 몇 억 원의 돈이 있어야 한다고 생각했던 사람이라면, 아주 부담이 큰 액수는 아닐 것이다.

의료통장 준비 시기

소득별 의료통장 목표 금액 예시를 통해 의료통장이라는 이름으로 적게는 1,700만 원에서 많게는 5,000만 원까지 준비해야 한다는 것을 살펴보았다. 그런데 억 단위는 아닐지라도 몇 천만의 돈 역시 쉽게 모을 수 있는 돈은 아니다. 또 필요하다고 해서 바로 준비할 수 있는 돈도 아니다. 의료비를 미리 준비하면 좋겠지만, 실제 준비를 못한 것이 대부분의 현실이다. 그렇다면 이제 살펴봐야 할 것은 의료통장의 준비 시기다. 물론 내일이라도 당장 목돈을 준비할 수 있다면 더 바랄 것이 없지만 그럴 수 없는 게 현실이지 않는가.

그나마 다행인 것은 확률적으로 봤을 때 내일 당장 의료비가 막 빠져나가야 하는 상황은 아니라는 점이다. 아직 우리에게는 의료통장을 준비할 수 있는 시간이 있다. 지금부터 의료통장을 사용하게 될 때까지 그 기간을 잘 활용하는 방법에 대해 살펴보자.

본인부담금 상한선

우리가 준비해야 하는 의료통장은 본인부담금 상한선/비급여 항목/기회비용 이렇게 3가지 항목으로 나누어볼 수 있다. 이중 본인부담금 상한선은 가장 먼저 준비해야 할 항목이다. 비급여 항목이나 기회비용은 줄이거나 조절할 여지가 있지만 본인부담금은 병원에 직접 내야 하는 비용이기 때문이다. 잘 알고 있듯이 병원은 '수납'으로 시작해서 '수납'으로 끝이 난다. 그런데 이때 돈이 없다면 의료 서비스 자체를 받을 수 없게 된다.

따라서 본인부담금 상한선은 기본적으로 가장 먼저 준비해야 하는 핵심 항목이다. 그리고 최소한 '수납'하기 전까지는 준비해놓아야 한다. 수납을 해야 할 순간, 따로 준비해놓은 의료통장이 없다면, 그간 모아오던 적금이나 열심히 투자해오던 주식이나 펀드를 깨야 하는 불상사가 발생할지 모르기 때문이다. 최악의 경우, 보유하고 있는 부동산을 처분해야 할지도 모른다. 의료통장을 따로 준비하는 것은 이처럼 다른 재산 항목에 피해가 가지 않도록 중간에서 막아주는 방화벽 역할도 함께 해준다고 생각하면 된다.

의료통장을 미리 준비해둔다면, 한창 오르고 있는 주식이나 펀드를 처분하지 않아도 되고, 붓고 있던 적금을 깨지 않아도 된다. 그뿐만 아니라 급매로 부동산을 처분하거나, 전세나 월세 기간이 남아 있는 상황에서 더 작은 집으로 옮겨가기 위해 불필요한 추가적인 부동산 중개 수수료나 이사비용을 지출할 일도 없게 만들어준다.

혹, 400만 원 마련하는 데 너무 과장해서 말하는 것 아니냐고 말하는 분들이 있을지 모르겠다. 하지만 보통의 샐러리맨이라면 신용카드 대금만 겨우 막으며 적자를 면하고 있는 경우가 많다. 이런 상황에서 순수하게 현금 400만 원을 마련할 방법은 현금서비스나 마이너스통장 등으로 임시변통하는 수밖에 없다.

직장생활을 하는 중에 아프게 된다면, 그나마 직장에 복귀하고 난 다음에 병원비를 갚아나갈 수 있겠지만, 은퇴나 퇴직 이후에 병원비로 목돈이 나가야 한다면, 막막하지 않겠는가. 그렇기에 의료통장을 별도로 만들어 방화벽 역할을 하도록 준비해야 한다.

본인부담금은 가능한 한 빨리 모으는 것이 좋다. 400만 원을 모았다면, 이 돈을 어떻게 불려나갈지, 또는 어떻게 은퇴나 노후자금으로 전환시켜서 활용할 수 있을지 행복한 고민을 해보도록 하자. 지금 당장부터 조금씩 모아가자.

비급여 항목

비급여 항목은 어찌 보면 불필요한 항목으로 보일지도 모른다. 필수적인 의료비는 국가에서 지원해주니, 추가적인 항목인 비급여 항목은 환자 개인이 조절할 수 있지 않을까 싶기 때문이다. 하지만 정해진 대로만 치료를 받는다고 비급여 항목이 발생하지 않을 수 없다. 필자 역시 제왕절개 수술을 받고 통증을 느끼는 부인에게 "여보, 진통제는 비급여 항목이야. 돈이 더 나오니까 우리 진통제는 맞지 말자"라고 이야기할 순 없었다. 비급여 항목은 '불필요한 항목'이 아니라 '건강보험의 지원'이 안 되는 항목일 뿐이다. 비급여 항목일지라도 경우에 따라 필요하다는 뜻이다.

의료통장을 준비할 때, 비급여 항목 역시 준비를 해야 한다. "병실이 6인실만 건강보험 적용이 되니 4인실에 자리가 있어도 안 들어가겠다", "6인실이 나면 그때 입원하겠습니다"라고 말하는 것은 말이 안 되는 상황이기 때문이다. 따라서 비급여 항목에 드는 의료비 400만 원도 늦지 않게 준비해야 한다.

기회비용

기회비용의 경우 본인부담금 상황선이나 비급여 항목보다는 단위가 크다. 적어도 반년 치의 연봉을 준비해야 할 테니. 월급 받으면 여기저기서 빠져나가고 남는 돈도 별로 없는 직장인에게 반년 치의 연봉을 마련하는 일 역시 쉽지 않다. 이렇게 생각해보자. 자동차를 운전할 때 주유등 불이 깜박이면 주유소에 가서 기름을 넣는다. 하지만 대부분의 운전자가 기름 넣는 일을 좋아하지는 않는다. 하지만 기름이 없으면 차가 움직이지 않으니 어쩔 수 없이 기름을 넣는 것이다. 의료통장의 기회비용도 마찬가지다. 의료통장을 준비해야 하는 상황이 기쁜 사람이 얼마나 되겠는가. 하지만 필요하기 때문에 준비하는 것이다. 나중에 아플 때를 대비하고 다른 자산에 손해 보지 않기 위해서이다.

- 본인부담금 상한선은 기본이다.

- 비급여 항목도 늦지 않게 준비하자.

- 기회비용 6개월 치 월급을 준비하자.

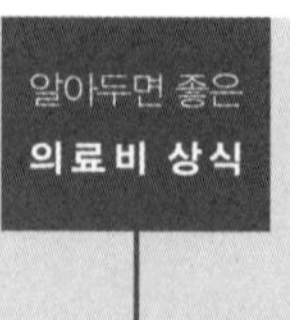

긴급의료비 지원 서비스

의료비가 없는 경우 국가에서는 긴급의료비 지원 서비스를 통해 구제방안을
마련하고 있다. 그리고 이러한 지원 서비스는 '긴급복지지원법'이라는 '법'으
로 정해놓고 시행하고 있다.

긴급복지지원제도(긴급생계비지원제)

생계곤란 등의 위기상황에 처하여 도움이 필요한 사람에게 1개월간의 생계비
등을 신속하게 지원하는 제도로 2006년 3월부터 긴급생계비지원제라는 이
름으로 시행되고 있다.

- **위기상황의 종류**

  - 주소득자(主所得者)가 사망, 가출, 행방불명, 구금시설에 수용되는 등의 사
    유로 소득을 상실하고 가구 소득이 최저생계비 이하인 경우

- 중한 질병 또는 부상을 당한 경우

- 가구 구성원으로부터 방임(放任) 또는 유기(遺棄)되거나 학대 등을 당한 경우

- 가정폭력을 당하여 가구 구성원과 함께 원만한 가정생활을 하기 곤란하거나 가구 구성원으로부터 성폭력을 당한 경우

- 화재 등으로 인하여 거주하는 주택 또는 건물에서 생활하기 곤란하게 된 경우

- 그 밖에 보건복지부장관이 정하여 고시하는 사유가 발생한 경우 등

응급의료비대불제도

만약 긴급의료비지원 신청이 어려운 경우엔 응급의료비대불제도가 있는데 당장 돈이 없어 진료를 받지 못하는 일을 막기 위해 국가가 응급의료비를 대신 지불하고 나중에 환자가 국가에 상환하는 제도를 말한다.

- **대상이 되는 주요 응급증상 및 이에 준하는 증상**

  - 신경학적 응급증상: 급성의식장애, 급성 신경학적 이상, 구토 및 의식장애 등

  - 심혈관계 응급증상: 심폐소생술이 필요한 증상, 급성호흡 곤란 등

  - 외과적 응급증상: 개복술을 요하는 급성복증, 광범위한 화상 등

- **상환방법**

  국가가 대납한 진료비는 환자 본인의 주소지로 청구서를 받게 된다. 만일 지급능력이 없다고 해도 배우자, 부모, 자녀 등 상환 의무자에게 청구된다.

03

세대별 맞춤
의료통장 전략

Bank

보험으로 대비하는 2030 의료통장

"오는 데에는 순서가 있어도, 가는 데에는 순서가 없다." 이 말을 의료비에 적용해보면, 병원 가는 일에도 순서가 없다는 말이다. 확률적으로 20대가 가장 건강하니 20대엔 무조건 안심해도 되고, 70대와 80대는 아플 것이니 무조건 병원 신세를 져야 하는 것은 아니다. 순서가 정해져 있다면 어느 정도 예측이 가능하겠지만 병원 신세를 지는 일 역시 당연히 순서를 예측할 수 없다.

이제 각 나이에 맞는 의료통장을 어떻게 마련해야 할지, 그 방법을 자세히 살펴보자.

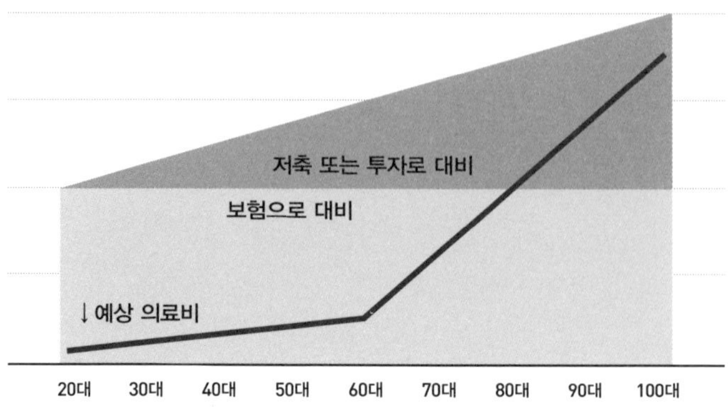

의료통장 개념도를 보자. 의료통장은 크게 보험으로 대비하는 파트와 저축 또는 투자로 대비하는 파트로 나뉘는데, 점차 증가할 것으로 예상되는 의료비에 대응하게끔 구성했다.

현금이 있다면 전액 현금으로 쌓아두면 좋겠지만 앞서 설명한 것처럼 월급만으로 생활하고 저축하기에 빠듯한 것이 현실이다. 그리고 현금으로 가지고 있는 만큼 투자의 기회를 포기하는 것이니 보이지 않게 기회비용이 발생한다는 점도 염두에 둘 필요가 있다.

굵은 실선의 비용은 누구에게나 적용되는 의료비 지출 예상 금액이다. 그리고 그 아래에 위치한 사각형 부분은 보험으로 대비하는 항목으로 본인부담금 및 비급여 항목이 포함된다. 비교적 적은 금액으로 보험에 가입하여 예측하지 못한 의료비를 지출해야 할 때 도움을 받을 수 있도록 준비한 것이다. 위에 위치한 삼각형 부분은 저축 또는 투자를 통해 (병원 신세를 질 때 치러야 하는) 기회비용을 준비하는 부분이다.

2030 세대가 생각해봐야 할 문제들

2030 세대의 의료통장에 있어서는 의료비를 쓸 일이 당분간 40년 정도는 없다는 가정을 했다. 지금 당장보다는 나중을 위해 조금씩 준비한다고 보면 되겠다.

2~30년 전만 해도 과묵하고 일만 열심히 하는 아빠와 상냥하고 살림 잘하는 엄마가 전형적인 부모의 모습이었다. 이에 따라 가장인 남성은 죽고 나서도 가정의 안전을 책임지는 종신보험을, 여성은 적은 금액의 실손보험을 준비하는 것으로 모든 준비가 끝났다고 인식되어 왔다.

그런데 지금은 여성도 가정 경제를 분담하고 남성도 가사활동을 하는 사회가 되었다. 보험 가입을 생각할 때 남자에게는 종신, 여자에겐 실손으로 구분하기 어려운 사회가 된 것이다. 그렇기에 여기에서는 남녀 구분이나 혼인 여부에 따른 구분 없이 연령대별로 준비해야 할 것들을 살펴보겠다.

종신보험 vs 정기보험

생명보험에 해당하는 종신보험과 정기보험 중 무엇을 가입하느

구분	종신보험	정기보험
보험금 지급	사망 / 80% 이상 후유장해시 (사망 원인에 관계 없음)	사망 / 80% 이상 후유장해시 (사망 원인에 관계 없음)
보험기간	종신 (사망 지점까지 평생 보장)	보험 계약시 정한 기간

나는 상당히 고민이 많이 되는 문제다. 기능상으로는 큰 차이가 없고 다만 다른 것은 '언제까지' 보장해주느냐의 문제이기 때문이다. 종신보험이 표현은 좀 과격하지만 '죽을 때까지' 보장해주는 것에 비해 정기보험은 가입자가 정해놓은 기간까지만 보장을 해준다.

가격적인 면에서 종신보험은 정기보험에 비해 매월 내야 할 보험료가 비싼 편이다. 왜냐하면 계약된 사망보험금을 가입자에게 지불해야 하기 때문이다. 이에 비해 정기보험은 고객에게 사망보험금을 줄 수도 있고 안 줄 수도 있다. 만약 정기보험을 60세까지 보장해주는 것으로 계약했는데 고객이 65세까지 건강하다면, 당연히 그 정기보험은 효력이 없어진다.

그렇다면 종신보험이냐, 정기보험이냐를 선택하는 데 가장 중요한 기준은 무엇일까? 두 가지의 가장 큰 차이는 바로 보장받을 수 있는 기간이다. 그렇기에 본인이 몇 세까지 보장을 받아야 하는지를 생각해보면 금방 답을 얻을 수 있다. 참고로 S생명의 경우, 조건에 제한이 있지만 90세까지 보장해주는 정기보험 상품이 있다. 즉, 90세 이내에 사망하는 경우 사망보험금을 받아 종신보험에 가입하는 것과 동일한 효과를 얻을 수 있다. 물론 90세 넘어서까지 생존하게 된다면 그 정기보험은 효력이 없어진다는 점도 고려해야 한다.

지금 30세인 독자라면 90세까지의 정기보험이 피부에 잘 와 닿지 않겠지만, 60년이라는 시간을 따져보면 1950년 6·25전쟁으로부터 60년이 지난 시점이 2010년이다. 그동안 한강의 기적도 이루고 대통령과 정권도 여러 번 바뀌고 1998년의 IMF 사태, 2008년 글로벌 금융위기까지 모두 겪게 된 그 세월이 60년이다. 그렇게 긴 기간을 보장해주는 정기보험이 있는 것은 다행이라 할 만하다. 물론 앞으로

〈 90세까지 보장되는 S생명 VIP 정기보험 〉

1. 보험기간(기본형): 10년 만기, 20년 만기, 55세 만기, 60세 만기, 65세 만기, 70세 만기, 80세 만기, 90세 만기

2. 납입기간: 5년납, 10년납, 15년납, 20년납, 전기납

   단, 갱신형 특약의 납입기간은 전기납

3. 가입나이: 20세~ 최고 65세

▲ 출처: 삼성생명 홈페이지(2013년 7월 기준)

100세까지 보장해주는 보험이 나올 것으로 예상되지만 현재 기준에서 90세까지 보장해주는 정기보험은 종신보험과 견주어봐도 손색이 없다 할 만하다.

조기사망과 장기생존

의료통장에서 특히 주의해서 살펴봐야 하는 생명보험의 기능은 조기사망에 대한 것이다. 경제력을 가진 가장이 조기사망으로 가정을 지키지 못할 경우, 충분하지는 않지만 그래도 남은 가족들이 경제적으로 어려움을 겪지 않도록 준비해주는 것이 바로 종신/정기보험의 핵심 기능이다. 그렇기에 같은 값으로 보험을 선택해야 한다면 정기보험을 선택하고 사망보험금을 높이는 방법도 고려해보는 것이 의료통장의 관점에서는 현명할 수 있다.

가족을 위해 무조건 종신보험을 선택하고, 종신보험의 여력이 안될 때 선택하는 대안이 더 이상은 정기보험이 아니라는 얘기다. 이제는 90세까지 보장해주고 100세까지 보장해주는 정기보험 상품이 출시되었기에 그러하다.

의료비 지불 시점

앞서 생명보험과 손해보험의 차이에 대해서 살펴보았는데, 실제로 그 차이가 밤하늘의 별만큼이나 많다. 의료비 관점에서 살펴보면 가장 큰 차이는 '지불 시점'이다. 일단 실손보험의 경우 병원에 병원비를 먼저 낸 다음 그 증빙서류를 손해보험사에 제출하여 비용을 되돌려 받는 구조로 되어 있다. 즉, 병원비를 지불할 수 있어야 보험금을 받을 수 있다. 경미한 병의 경우에는 크게 상관없다 해도 큰 병의 경우 이러한 실손보험 회사의 지불 절차는 불편할 수밖에 없다. 그동안 보험료를 잘 지불해왔고 병원비가 필요해서 보험금을 요구했더니 일단 병원에 수납부터 하라는 말이기 때문이다.

반면 생명보험은 실제 입원했는가의 여부는 둘째 치고, 우선 질병이든 사고든 '보장'의 대상이 되는가의 여부부터 살핀다. 그리고 보장이 되는 질병/사고의 경우 실시간으로 보험금을 지급한다. 예를 들어 암 진단을 받았을 때 5,000만 원을 지급하는 생명보험에 계약했다면 암 진단을 받았다는 그 자체로 약속된 5,000만 원이 지급되는 것이다.

실손보험

실손보험의 가장 큰 장점은 종신/정기보험이 미처 신경 쓰지 못한 질병이나 부상에 대해 아낌없이 보장해준다는 점이다. 실손보험의 경우 감기라는 질병보다는 병원비를 지불했다는 행위 자체에 집중하여 보상금액이 결정된다. 즉 'why'보다는 'how much'가 더 중요하다고 이해하면 된다.

이러한 실손보험의 특징은 의료비의 3층 보장 시스템에서 혹시라도 생명보험이 놓칠 수 있는 지출을 잡아주는 역할을 한다.

실손보험의 장점

- 비급여 항목 지원: 건강보험에서 지원되지 않는 '비급여 항목' 까지도 지원해준다. 즉, 본인부담금은 상한액이 있어 안심할 수 있지만 비급여 항목은 이 본인부담금에 포함되지 않는다는 단점이 있다. 실손보험은 실제 환자의 주머니에서 나가는 돈의 80~90퍼센트를 지원해주기 때문에 경제적으로 장점이 있다.

- 사각지대 해소: 고혈압, 당뇨병, 간질환을 포함하여 골절, 화상, 상해수술, 장기이식, 피부질환, 심장질환, 뇌혈관질환 등도 보장을 받을 수 있다. 고혈압이나 당뇨병의 이력이 있는 경우 생명보험 회사들은 계약을 잘 안 하려고 하는 데 비해 손해보험 회사는 관대한 편이다.

- 가격 경쟁력: 생명보험은 적어도 10~20만 원 정도의 금액이 필요한 데 비해 실손보험은 50세 남자도 4만 원 선에서 가입할 수 있기에 경제적으로 부담이 적다. 그리고 다른 특약 없이 실손의료비만 지원받는 상품은 1~1만 5,000원 선에서 가입이 가능하기도 하다.

실손보험의 단점

- 갱신형이라는 불확실성: 30~40세는 3만 원 정도로 실손보험에 가입할 수 있는데, 시간이 지나면서 '갱신'이 될 때엔 가격이 높아진다는 단점이 있다. 아래의 표는 M사의 손해보험 상품인데 갱신할 때 금액이 어느 정도 올라가는지를 보여준다. 표준형의 경우 1만 원 이하의 금액에서 출발해서 16년째 되는 시기에는 적게는 A케이스의 2만 원에서 많게는 C케이스의 8만 7,000원 대까지 올라갈 가능성이 있다.

〈 종신보험과 정기보험 비교 〉

● 기준: 남자 40세, 상해1급, 월납,
    상해입원의료비 5,000만 원, 상해통원의료비 30만 원([외래] 25만 원, [처방조제] 5만 원)
    질병입원의료비 5,000만 원, 질병통원의료비 30만 원([외래] 25만 원, [처방조제] 5만 원)

구분	연령증가 반영(A)		연령증가 + 위험률 5% 증가(B)		연령증가 + 위험률 10% 증가(C)	
	표준형	선택형	표준형	선택형	표준형	선택형
1년	9,610	10,580	9,610	10,580	9,610	10,580
2년	9,030	9,940	9,480	10,440	9,930	10,930
3년	9,240	10,180	10,190	11,220	11,180	12,310
4년	9,700	10,680	11,230	12,360	12,910	14,220
5년	10,290	11,340	12,510	13,790	15,070	16,610
6년	10,950	12,060	13,970	15,400	17,630	19,430
			…			
15년	18,710	20,610	37,050	40,820	71,060	78,300
16년	20,970	23.100	43,590	48,040	87,600	96,530

큰 병 대비, 사각지대 대비

종신/정기보험은 거듭 강조하지만 큰 병에 대비할 방법으로 활용해야 한다. 이러한 관점에서 본인의 상황에 맞게 종신보험이나 정기보험을 선택하는 것이 좋다. 보험은 좋은 상품, 나쁜 상품의 구분보다는 내 상황에 도움이 되는 상품, 안 되는 상품으로 나누어 살펴야 한다.

반면에 실손보험은 가입 금액이 작다고 혜택도 작은 것은 아니다. 건강보험이 미처 지원해주지 못하는 비급여 항목을 지원하고, 생명보험이 대비해주지 못하는 통원이나 약값을 지원해준다. 그렇기에 실손보험은 덩치 큰 생명보험 상품들이 미처 보지 못하는 사각지대를 대비해줄 것으로 보면 된다.

- 의료통장에 보험도 포함된다.
- 생명보험은 큰 사건 대비용이다.
- 실손보험은 사각지대 대비용이다.

병원의 종류

병원들은 저마다 '체급'이 정해져 있다. 체급별로 병원을 나누어보자.

병원의 구분

- 의원급 의료기관: 집근처의 동네병원/○○클리닉
  - 의사, 치과의사, 한의사가 외래환자를 대상으로 의료행위를 하는 의료기관이다.
  - 병상은 없거나 최대 29개까지 있을 수 있다.
  - 30병상 이상부터는 의원급이 아닌 병원급으로 분류된다.

- 병원급 의료기관: 보통 말하는 '큰 병원'
  - 병원/치과병원/한방병원/요양병원

- 30병상 이상(병원/한방병원) 또는 요양병상을 갖춘 의료기관

- 종합병원: 100개 이상의 병상을 갖춘 곳

  - 100~300병상 이하: 별도로 7개 이상의 진료과목과 전문의를 둬야 한다.

  - 300병상 초과: 9개 이상의 진료과목과 전문의를 둬야 한다.

- 상급종합병원: 종합병원 중에서 보건복지부 장관이 지정하는 곳

  - 20개 이상의 진료과목과 전문의를 둬야 한다.

  - 전문의가 되려는 자를 수련시키는 기관이어야 한다.

  - 3년마다 평가를 실시하여 재지정하거나 지정을 취소할 수 있다.

- 전문병원: 작지만 특화된 병원

  - 제품에 KS마크를 붙이듯이 질환별로 보건복지부가 ○○전문이라고 인
  증해주는 병원

  - 2011년 말, 전국에서 99개의 병원이 '보건복지부 지정 전문병원'으로 지정

2014년까지의 병원 지정 현황

〈 상급종합병원 지정현황 〉

진료권역	상급종합병원 지정 기관명
수도권(17)	가톨릭대학교서울성모병원, 가톨릭대학교여의도성모병원, 건국대학교병원, 경희대학교병원, 고려대의과대학부속구로병원, 고려대의과대학부속병원(안암), 삼성생명공익재단삼성서울병원, 삼성의료재단강북삼성병원, 서울대학교병원, 서울아산병원, 순천향의대부속순천향병원, 연세대의과대학세브란스병원, 연세대의과대학강남세브란스병원, 이화여대부속목동병원, 인제대부속상계백병원, 중앙대학교병원, 한양대학교병원

진료권역	상급종합병원 지정 기관명
경기 서부권(4)	순천향대학교부속부천병원, 의료법인길의료재단길병원, 인하대학교의과대학부속병원, 한림대학교성심병원(평촌)
경기 남부권(3)	고려대의과대학부속안산병원, 분당서울대학교병원, 아주대학교병원
강원권(2)	연세대학교원주의과대학병원주기독병원, 한림대학부속춘천성심병원
충북권(1)	충북대학교병원
충남권(3)	단국대의과대학부속병원, 순천향대학교부속천안병원, 충남대학교병원
전북권(2)	원광대학교부속병원, 전북대학교병원
전남권(3)	전남대학교병원, 조선대학교병원, 화순전남대학교병원
경북권(4)	경북대학교병원, 계명대학교동산병원, 대구가톨릭대학병원, 영남대학교병원
경남권(5)	경상대학교병원, 고신대학교복음병원, 동아대학교병원, 부산대학교병원, 인제대학교부속부산백병원

〈 질환별 전문병원 〉

분야	지역	의료기관
관절	서울	연세사랑병원, 힘찬병원
	부산	부산센텀병원, 부민병원
	인천	부평힘찬병원
	경기	이춘택병원, 뉴고려병원
	전남	여수백병원
	경북	포항세명기독병원
	경남	진주세란병원
뇌혈관	서울	명지성모병원
대장항문	서울	서울송도병원, 한솔병원, 대항병원
	대구	구병원
수지접합	서울	신촌연세병원
	부산	서부산센텀병원, 세일병원
	대구	더블유병원
	인천	성민병원
	경기	예손병원
심장	경기	세종병원
알코올	광주	다사랑병원
	경기	다사랑중앙병원, 진병원
	충북	예사랑병원, 주사랑병원

분야	지역	의료기관
알코올	경남	한사랑병원
유방	부산	부산의료선교회세계로병원
척추	서울	우신향병원, 우리들병원(강남), 나누리병원, 21세기병원, 더조은병원, 서울척병원
	부산	우리들병원
	대구	보광병원, 우리들병원
	인천	인천나누리병원
	광주	광주우리병원, 광주새우리병원
	대전	대전우리병원
	경기	윌스기념병원, 굿스파인병원
	충남	천안우리병원
	경남	바른병원
화상	서울	베스티안병원
	부산	하나병원
	대구	푸른병원

〈 진료과목별 전문병원 〉

분야	지역	의료기관
산부인과	서울	미즈메디병원, 유광사여성병원
	대구	미래여성병원, 신세계여성병원, 효성병원
	인천	서울여성병원
	광주	에덴병원, 미즈피아병원
	울산	프라우메디병원, 보람병원
	경기	분당제일여성병원, 서울여성병원, 봄빛병원
소아청소년과	서울	소화아동병원
	전남	현대병원
신경과	대구	문성병원
신경외과	경북	에스포항병원
안과	서울	누네안과병원, 실로암안과병원, 김안과병원
	부산	성모안과병원
	대구	제일안과병원
	인천	한길안과병원
	광주	밝은안과21병원, 이연안과병원
외과	서울	민병원
	부산	안락향운병원
이비인후과	서울	하나이비인후과병원
	인천	다인이비인후과병원
재활의학과	서울	국립재활원재활병원, 서울재활병원
	부산	파크사이드재활의학병원

분야	지역	의료기관
재활 의학과	대구	남산병원
	인천	브래덤기념병원
	대전	유성웰니스요양병원
	경기	카이저병원, 러스크분당병원
	경남	행복한병원
	제주	늘봄재활요양병원
정형외과	서울	서울성심병원
	부산	강동병원, 부산고려병원
	울산	굿모닝병원

〈 한방 전문병원 〉

분야	지역	의료기관
한방중풍	서울	동서한방병원
	경기	동수원한방병원
	강원	상지대한방병원
	전북	원광대익산한방병원, 원광대전주한방병원
한방척추	서울	자생한방병원
	경기	자생한방병원

저축으로 대비하는 2030 의료통장

비급여 항목까지 포함하는 의료비는 종신보험/전기보험 또는 실손 보험을 통해 준비해야 한다고 앞서 설명했다. 이제 남은 것은 병원 신세를 지게 될 경우 우리가 준비해야 하는 기회비용이다.

준비기간은 30년

60세부터 아프다고 했을 때, 앞으로 준비기간은 30년이 남아 있는 상황이다. 물론 질병이 시간을 재고 있다가 '60세 되었으니 이제 아프자' 하는 것은 아니기에 내일이라도 당장 기회비용이 마련되어 있어야 할 수도 있다. 하지만 긍정적으로 생각하자. 앞으로 30년이다.

30년간 원금 기준 3,000만 원을 모아보겠다고 하면 1년에 모아야할 금액은 100만 원이다. 1년에 1,000만 원을 모으라는 조언이 아니다. 1년에 100만 원이다. 한 달에 9만 원이면 된다. 3,000만 원은 무시무시하게 큰 금액이지만 한 달에 9만 원이라면 "도전!"이라고 외칠 만하지 않은가.

기회비용 3,000만 원 만드는 것을 최종 목표로 놓고 보았을 때, 계산은 단순하다. 아래의 표를 보자.

〈 1,000만 원 모으기〉

기간	이자율(원)	일반과세기준 매월 적금액
10년	2%	76,783원

1,000만 원 모으려면 10년간 매월 7만 7,000원 정도만 있으면 된다. 이것을 3회 반복하면 3,000만원이 모이게 된다. 이렇게만 하면 60세 되는 시점에 몸이 아프다고 해도 돈 걱정 없이 치료에만 전념할 수 있는 기초적인 여건은 마련해놓는 것이다. 그런데 여기서 의문이 생길 수 있다. "꼭 적금으로만 해야 하나요?" 이렇게 말이다. 좋은 지적이다. 꼭 적금일 필요는 없다. 주식으로 해도 되고, 펀드로 해도 된다. 하지만 가능한 한 적금으로 하면 좋겠다.

앞으로 30년간 삶이 평탄하게 흘러갈 수 있다면 참으로 좋겠지만,

인생이 그리 쉽게 계획대로 되거나 안정적일 리 없다. 어려운 상황이 닥치면 주식이나 펀드는 비교적 쉽게 처분할 수 있기에 의료통장이 아닌 다른 통장으로 사용될 가능성이 대단히 높다. 일단 급한 것부터 막고 나서 한시름 놓고 있는 상황에서 아프게 된다면? 그땐 되돌릴 수도 없다. 그래서 느리지만, 그리고 답답해 보이지만 적금으로 의료비를 묶어두기를 제안한다.

은행에 가서 "10년짜리 적금에 들고 싶습니다"라고 이야기하면 창구의 담당 직원은 놀란 눈을 하며 "10년짜리 적금 상품이 있는지 확인해보겠습니다"라고 답할 것이다. 요즘 이러한 반응은 자연스러운 일이다. 보통의 적금은 1년 또는 3년의 기간을 정하는 상품이 99퍼센트 이상이기 때문이다. 그나마 적금을 끝까지 부어서 '미션 클리어'라고 외치는 사람도 별로 없다. 이상하게도 중간에 항상 돈이 필요한 일이 생기게 마련이다.

그럼, 10년짜리 상품이 없다면 어떻게 해야 할까? 답은 의외로 간단하다. 3년이나 5년짜리 상품을 반복하면 된다. 3년짜리 상품에 10번 가입하거나 5년짜리 상품에 6번 가입하고 나면 30년 후가 된다.

실행기간도 30년

적금을 3년짜리 또는 5년짜리로 군인들 유격훈련하듯이 몇 회 반복해야 한다고 했는데, 사실 여기에서 중요한 점은 실행기간이 무려 30

넌이나 된다는 점이다. 30년이라는 기간을 유지하기란 쉽지 않다. 또한 '지금 당장은 필요 없는 것 같은데'라는 생각이 늘 떠나지 않기 때문에 더 힘들다.

생명보험협회는 2012년 4월부터 2013년 3월까지 1년 동안의 보험 계약 효력 상실 해지율이 9.9퍼센트에 달한다고 발표했다. 경제 상황이 어려워짐에 따라 10건 중 1건은 보험을 해지한다는 이야기인데, 특히 보험의 경우 '지금 당장은 필요 없다'는 생각이 반영되기 때문이다.

보험을 중간에 깨면 무조건 손해라는 사실은 더 이상 새로울 것도 없다. 그럼에도 불구하고 보험 계약이 10퍼센트 가까이 해지되는 까닭은 실행의 어려움 때문일 것이다. 그래서 필자는 월 7만 7,000원을 제시한다. 월 10만 원을 넘지 않는 범위 내에서 최소한의 기회비용을 준비할 수 있으면 좋겠다는 취지에서다. 한 번에 큰돈을 마련할 방법도 있겠지만, 그렇게 하지 않고 아주 긴 기간 동안 크게 부담이 되지 않는 범위 내에서 꾸준히 적금을 실행할 것을 권한다.

특히 40대에 들어서면 지출해야 하는 비용이 급격하게 늘어난다. 자녀가 있다면 유치원까지는 무상교육 혜택으로 어떻게 비용을 줄여볼 수 있겠지만 초등학교 때부터 '입시준비'에 들어가는 것이 또 우리의 현실이다. 생활비가 특별히 줄어들 일이 없거니와 기존의 지출에 추가하여 자녀 사교육비도 준비해야 하고, 본인을 위한 노후자금도 준비해야 할 때가 바로 40대이다. 일명 지출 다운사이징 불가의 법칙인데, 그런 상황에 닥치면 조금이라도 부담이 되는 지출은

'줄이자'는 의사결정을 내리기 십상이다. 그렇기에 금액을 최소화하는 대신 기간을 최대한으로 잡아서 의료통장을 유지했으면 한다.

　그래도 이삼십 대는 사오십 대보다는 상황이 나쁘지 않다. 사오십 대 선배들은 발등에 불 떨어진 것과 다름없으니 말이다.

2030 세대를 위한 의료통장 액션 플랜

지금까지 설명한 내용들을 정리하여 액션 플랜을 구상해보면 다음의 그림으로 요약할 수 있다. 기회비용(삼각형 부분)을 위한 지출은 월 7만 7,000원에, 보험으로 대비하는 의료통장(사각형 부분)은 월 20만 원으로 실행할 수 있다. 총 한 달에 27만 7,000원으로 의료통장 준비

〈 2030을 위한 의료통장 액션 플랜 예시도 〉

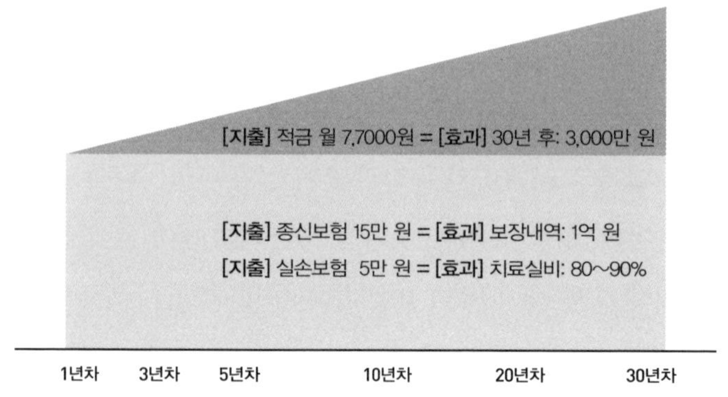

는 완료된다.

개인의 상황에 따라 보험에 대한 지출을 늘리거나 줄일 수 있고, 기회비용의 측면에서도 개인별로 차이가 있을 수 있기에 절대적이라 할 수는 없다. 하지만 최소한 이 정도면 괜찮다는 가이드라인으로 참고하기에는 부족함이 없으리라 생각한다.

각자의 상황에 맞춰 좀 더 보강해야 하는 부분이 있다면 보강하면 된다.

- 20대와 30대는 아직 시간이 있다.
- 조금씩 준비해나간다면 큰 무리가 되지 않는다.
- 하지만 생각보다 시간이 빨리 흐른다는 사실을 잊지 말자.

동네 의원 간판의 비밀

의료법 시행규칙 제40조(의료기관의 명칭 표시) 제6항: 의료기관의 명칭 표시판에는 다음 각 목의 사항만을 표시할 수 있다. 다만, 장소가 좁거나 그 밖에 부득이한 사유가 있는 경우에는 제41조 제4항에도 불구하고 같은 조 제1항에 따른 진료과목을 명칭 표시판에 함께 표시할 수 있다.

가. 의료기관의 명칭

나. 전화번호

다. 진료에 종사하는 의료인의 면허 종류 및 성명

라. 상급종합병원으로 지정받은 사실(법 제3조의 4 제1항에 따라 상급종합병원으로 지정받은 종합병원만 해당한다)

마. 전문병원으로 지정받은 사실(법 제3조의 5 제1항에 따라 전문병원으로 지정받은 병원만 해당한다)

일단, 법은 어렵다. 핵심은 두 가지로 볼 수 있는데, 간판에 상호와 의료기관의 명칭을 넣을 때 진료과목도 함께 적을 수 있다는 것과 진료과목을 표시할 때엔 의료기관을 표시하는 글자의 2분의 1 이내로 해야 한다는 것이다. 사실 이것이 바로 법의 맹점이다. 병원을 찾는 환자 입장에서는 상호보다는 해당 병원이 정형외과인지 피부과인지 진료과목이 중요한데, 법에서는 그 중요한 진료과목을 다른 글자의 2배가 아닌 절반 이하의 크기로 적으라고 한다.

정상적인 경우

성춘향 성형외과 의원

- '성춘향'이라는 상호와 '의원'이라는 의료기간의 종류 사이에 전문과목을 표시함
- 이 경우 성춘향이라는 성형외과 전문의가 성형외과를 개설한 것을 알 수 있음

이몽룡 정형외과 의원

- '이몽룡'이라는 정형외과 전문의가 개원한 정상적인 의원임을 알 수 있음

알파 피부과 의원

- 상호는 '알파'이고 규모는 의원급이며 피부과 전문의가 개설한 정상적인 경우

합법적이지만 약간 꼼수를 부린 경우

성춘향 의원 진료과목 성형외과

- '성춘향'은 성형외과 전문의가 아니라는 이야기임
- 전문의라면 정상적인 경우처럼 의원이라는 단어 앞에 성형외과가 오게 되어 있음

청담동 꿀피부 클리닉 진료과목 피부과

- 원장이 피부과 전문의가 아님
- 진료과목이라는 글자를 매우 작게 해서 자세히 보지 않으면 피부과만 보이도록 하는 경우도 있음

보스턴 의원 진료과목: 성형외과, 피부과

- 성형외과나 피부과를 전공한 것은 아님
- 진료과목은 마음만 먹으면 100개도 적을 수 있음

정상적인 경우지만 이상한 경우로 오해받는 경우

천사의 미소 의원&한의원

- 의원과 한의원을 동시에 표시해놓았기 때문에 이상하게 보이지만 정상적

  인 경우

- 해당 원장님이 의사 자격증과 한의사 자격증을 동시에 갖고 있는 경우

- 시술은 레이저로 하고 피부 밸런스는 한약으로 다스리는 동서양 퓨전 관리

  도 가능

보험으로 대비하는 4050 의료통장

40대와 50대는 수입도 가장 많으면서, 지출도 가장 많은 시기다. 〈연령별 평균 연봉〉 그림을 보면, 평균 연봉 금액에서 40대와 50대가 가장 높은 수준을 기록하고 있음을 볼 수 있다. 억대 연봉자 역시 사오십 대가 가장 많다. 그런데 아쉬운 것은 남성의 경우 40대와 50대에서 최고 수준의 연봉을 기록하는데, 여성의 경우엔 30대에 가장 높은 수준의 연봉을 기록하다가 40대에 접어들면 줄어들고 있는 모습을 보인다는 점이다.

그러나 가장 높은 수준의 연봉은 '잠시 후'부터는 연봉이 낮아질 것이라는 점을 가리킨다. 그림을 다시 보자. 60대에 들어선 남자의 평균 연봉이 40대에 비해 절반 가까이로 떨어진 것을 볼 수 있다.

보통은 아침에 출근하기 전, 날이 흐리고 비가 올 것 같으면 우산을 들고 나간다. 하지만 미처 우산을 준비하지 못한 사람은 지하철 출구에서 비가 그치기를 기다리거나 평소보다 비싼 가격의 우산을

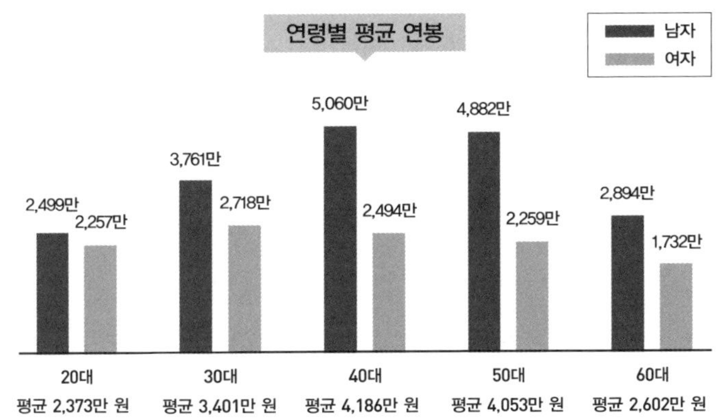

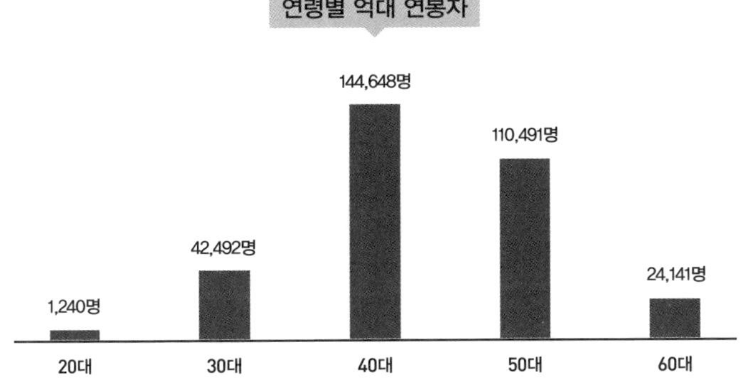

살 수밖에 없다. 의료통장을 준비하는 데 있어서도 마찬가지다. 미리 준비하지 못하면 나중에 더 비싼 값을 치러야 한다.

그렇다면 지금부터 현명하게 의료통장을 준비할 수 있는 방법을 함께 살펴보기로 하자. 참고로 4050 세대의 경우 남녀 구분하여 살펴보고자 한다.

4050 남성을 위한 의료통장 준비

|

지금의 4050 세대들은 보험에 대해 상당히 부정적이다. 사회 초년생 시절 가입했던 보험들이 본인 의사와 관계없이 보험설계사인 지인이나 친척 분들이 '알아서' 보험에 가입시켜주었고 본인은 그저 사인하고 돈을 냈던 경험이 있기 때문이다. 필자의 경우에도 어느 날 "오늘 누가 피 뽑으러 갈 테니 그리 알고 있어라"는 통보를 받고는 내 의지와는 상관없이 보험에 가입했던 경험이 있다.

또 "보험에 들면 꼭 사고 난다"라는 믿음으로 보험을 기피해온 사람도 더러 있고, 30대에 보험에 가입했었으나 특별한 이익을 보지 못해 보험을 해약한 사람도 있다. 보험에 드는 이유가 단순하다면, 보험에 안 드는 이유는 우리의 개성만큼이나 다양하다고 볼 수 있다.

지금까지 건강하게 살아왔기에 앞으로도 그러할 것이라고 생각하기 쉬운데, 사실은 그렇지 않다. 이제 잠시 후면(사실, 40대나 50대는 10년이라는 시간이 얼마나 빠르게 흘러가는지 잘 알고 있을 테다) 60대가 된다. 어느 순간부터는 병원에 입원하게 되어도 '한창 일할 나이에…' 또는 '건강하던 사람이…'라는 말을 더 이상 듣지 않게 된다. 특히 건강에 대해 꾸준한 관심을 갖고 관리해온 경우가 아니라면 더욱 그러하다.

필자의 경우, 마흔줄에 들어서는 순간부터 자연스레 영양제에 관심을 갖기 시작했다. 젊어서는 밥이 보약이라고 생각했는데, 언젠가부터 각종 비타민과 오메가3와 같은 영양제를 챙겨먹기 시작했다. 예전엔 고급 술을 선물로 받으면 고마워했는데, 이제는 몸에 좋은 것들을 선물 받으면 더욱 고마워하게 된 것이다.

다시 본론으로 돌아가, 4050 세대 남성이라면 지금 갖고 있는 보험부터 다시 점검할 필요가 있다.

〈 **연령대별 의료비** 〉 (단위: 만 원)

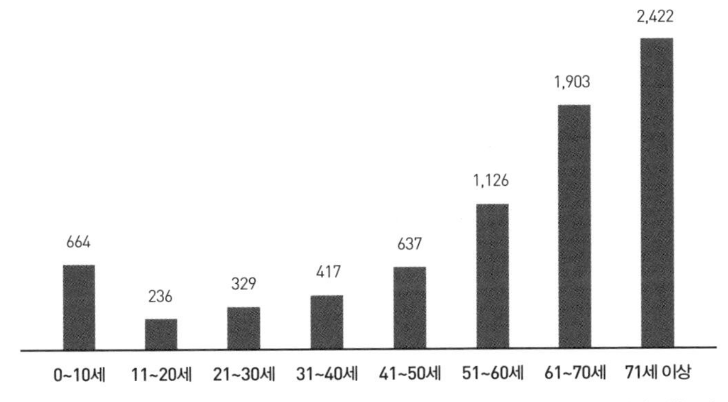

▲ 출처: 국민건강보험공단

4050 세대 남성에게는 실손보험도 필수

사오십 대라면 생명에 지장을 줄 정도로 아프지는 않을 것이다. 그래도 '건강'이 걱정될 시기이며 무엇보다 가장 큰 걱정은 '아픈 것'이다.

사실 실손보험은 남성보다는 여성에게 더욱 최적화된 상품으로 볼 수 있다. 남성들은 크게 아프지 않은 이상 병원에는 잘 가지도 않으니 병원에 가서 진료를 받거나 입원을 하게 되면 병원비가 지원되는 상품에는 특별히 해당사항이 없기 때문이다. 그런데 마흔 살에 접어들면 남성들에게도 실손보험은 필요하다. 이유는 간단하다. 병원에 갈 확률이 높아지는 만큼 그에 따른 대비가 필요하기 때문이다.

〈 베이비부머 환자가 가장 많이 늘어난 만성질환 〉

순위	만성질환	2006년(명)	2011년(명)	증감(배)
1	치매	717	6,056	8.4
2	전립선암	499	3,295	6.6
3	식도암	255	1,319	5.2
4	림프암	274	1,409	5.1
5	후두암	310	1,588	5.1
6	요도암	1,999	7,918	4.0
7	뇌혈관질환	178,191	68,798	3.8
8	방광암	1,061	3,730	3.5
9	결장암	4,796	16,049	3.3
10	기관지암	3,144	10,245	3.3

▲ 출처: 한국정보화진흥원

〈만성질환 진료비 순위〉

순위	베이비부머(40~50대)	고령층(60대 이상)
1	고혈압	뇌경색
2	유방암	치매
3	당뇨병	고혈압
4	간암	당뇨병
5	위암	심장질환
6	심장질환	폐암
7	뇌출혈	위암
8	기타 암	기타 뇌혈관질환
9	기타 간질환	뇌내출혈
10	폐암	간암

▲ 출처: 한국정보화진흥원

한국정보화 진흥원에서는 2012년에 국민건강보험공단과 협력해서 이를 토대로 2006년부터 2011년까지 298개 질병에 대한 데이터를 분석했다. 위 표는 그 결과물이며, 2013년 현재 40대 이상의 베이비부머들이 참고하면 좋은 데이터이다. 표에 나열된 각종 질병들에 대해 자신 있게 '난 해당사항 없다'고 이야기할 수 있겠는가.

또한 다음의 그림에서 전립선암 추이를 보면, 본격적인 발병은 40대에 시작되어 65세 이상부터는 더욱 그 비중이 높아짐을 알 수 있다. 이래저래 병원비가 나간다는 자료들뿐이다.

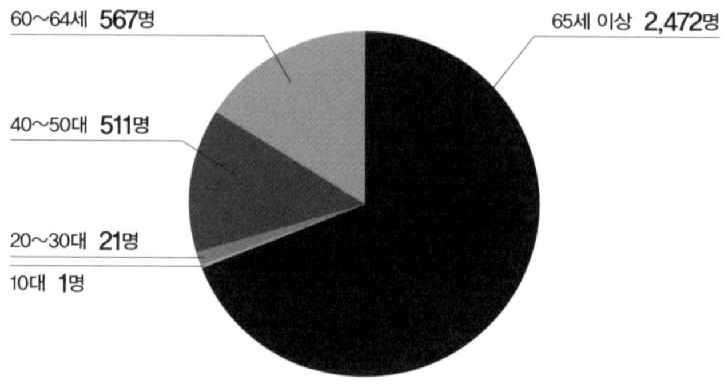

실손보험의 활용방법

실손보험은 실제 수납 금액의 80~90퍼센트까지 지원해주는 기능이 있기에 종신보험의 부족한 부분을 보완해줄 수 있다. 예를 들어 종신보험에는 '암' 진단을 받을 경우 진단비라는 명목으로 지급되는 돈이 있지만 기타의 질병에는 별도로 '진단비'가 나오지 않는다. 암이 아닌 질병이나 부상으로 입원할 때 혹시라도 비급여 항목에 해당되는 진료나 투약을 받아야 하는 경우가 생기면 종신보험으로 보장받은 금액보다 지출이 큰 경우가 생길 수 있다. 이때 종신보험의 부족한 부분을 보완해주는 것이 바로 실손보험이다.

또 실손보험은 1년 또는 3년/5년 단위의 갱신형 상품으로 해마다 계약 여부를 소비자가 결정할 수 있다. 여기서 오해의 소지를 없애기 위해 첨언하자면, 보험사는 인상된 상품 가격(보험료)을 제시하고 소비자는 그 가격에 대해 수락하면 계약이 갱신되는 형태이므로 갱신에 대한 결정권은 보험회사와 소비자가 동시에 갖고 있다는 점을 참고하기 바란다.

경제 상황에 따라 갱신 여부를 결정할 수 있기 때문에 퇴직이나 은퇴 시점에 따른 가정 경제 상황을 검토해서 계속 계약을 유지할지 아니면 그만둘지를 결정할 수 있다는 특징이 있다. 반면에 종신보험은 납입을 계속 해오다가 3개월 밀리면 해지되고 그간 납입해온 금액에 견주어 손해만 봤다 싶을 만큼 적은 금액을 돌려받게 된다. 하지만 실손보험은 그와 같은 '손해' 본다는 느낌은 덜하다.

남자에게 생명보험은 당연한 상품

지금의 젊은 세대와는 달리 4050 세대 남성들이라면 은퇴하기 전까지는(퇴직이나 이직이 아닌 돈을 아예 안 버는 은퇴 전까지를 말한다) 가족을 부양해야 할 의무가 있다고 생각한다. 가장이 불의의 사고로 돈을 못 벌게 되거나 세상을 떠나게 될 때 보험은 경제적인 면에서 도움을 준다.

그렇기 때문에 4050 세대 남성이 풀어야 하는 숙제는 보험의 필요성 여부가 아닌 어떤 보험이 필요한지를 따져보는 일이다. 어떤 보험이 필요한지는 다음의 기준을 통해 살펴보자.

사망보험금의 규모

사망보험금은 가장이 불의의 사고로 세상을 떠나게 되면 가족에게 얼마를 남겨줄지를 금액으로 정한 것이다. 대부분의 경우 평균적으로 1억 원 정도가 사망보험금으로 책정되고 있는데, 충분하지는 않겠지만 그래도 남은 가족에게 경제적인 어려움 없이 생활할 수 있는 최소한의 금액으로 보면 된다. 사실, 금액이 많으면 많을수록 좋겠지만 사망보험금을 높게 책정하면 그에 따라 매달 내야 하는 보험료도 올라가게 되므로 사망보험금은 최소 1억 원 수준에서 형편에 맞게 정하면 된다.

그런데 다음과 같이 생각하는 사람도 있을 것이다. '만일 지금 20만 원씩 보험료를 내고 50년 후에 사망한다면 혹시 손해 보는 것은 아닐까?' 20만원씩 1년에 240만 원씩 20년간 보험료를 내면 4,800만 원을 내는 것이다. 그런데 1억 원의 사망보험금을 50년 후에 받으면 그때의 화폐가치를 고려했을 때 1억 원은 지금의 반값도 안 될 것이니 계산기를 두드려보면 내가 손해 보는 것 아닌가, 하는 생각을 할 사람도 있겠다.

단순하게 보면 4,800만 원을 열심히 내면, 50년 후에 내가 죽을 때 받는 1억 원의 가치는 지금 돈 기준으로 2,281만 원에 불과하다. 대략 2,600만 원을 손해 보는 상품이 된다. 그래서 혹자는 이러한 이유를 들어 보험에 드는 것은 손해라고 한다.

계산상으로는 분명 맞는 이야기다. 그런데 보험의 본질을 따져보면 이야기가 달라진다. 보험에 가입하고 내일 사고가 나든, 50년 후

〈현재가치와 미래가치〉

내가 내는 돈		내가 받을 돈	
매월	20만 원	사망보험금	1억 원
기간	20년	기간	50년 후
총합계	4,800만 원	1억 원의 가치	2,281만 원

$$미래가치(FV) = 현재가치(PV) \times (1+이자율r)^n$$

$$현재가치(PV) = 미래가치(FV) \times \frac{1}{(1+이자율r)^{기간n}}$$

에 사고가 나든 보험회사는 약속된 금액인 1억 원을 지급한다는 사실에는 변함이 없다. 그 시기가 늦어질지 빨라질지는 보험회사도 모르고 나도 모른다. 사실 보험은 재테크 수단보다는 '보험'이라는 기본적인 성격에서 생각해보면, 본인이 낼 돈과 앞으로 받을 돈을 비교하는 일 자체가 불필요한 일일지 모른다. 좀 극단적인 생각이겠지만 보험에 가입하고 난 다음 날 사고가 나서 1억 원을 받게 되는 경우가 생길 수 있다.

보장내역

사실 우리가 두려운 것은 사고로 목숨을 잃는 것보다는 감당 못할 의료비 때문에 가정 경제가 흔들리고 경제적으로 어려워지는 상황

아니겠는가.

그래서 이런 접근을 해볼 수 있다. 종신/정기 보험에 들어가는 특약 중 의료 실손보험의 기능을 하는 것이 있는데, 이 부분을 조금 줄여서 금액 부담을 줄일 수 있다. 실손보험에서 보장되는 부분을 생명보험에서 다시 중복해서 낼 필요는 없기 때문이다.

반대로 "그럼 생명보험에 실손보험의 내용까지 모조리 집어넣어서 통일하면 좋지 않은가" 하는 의문을 제기할 수 있다. 하지만 어쩔 수 없이 생명보험을 해지해야 할 일이 생겼을 때 실손보험의 기능까지 한꺼번에 잃게 되는 문제가 발생한다. 그렇기에 중복되는 부분은 과감히 정리하는 것이 옳다.

납입기간

사실 납입기간이 가장 큰 고민이다. 30대 초반에 일찍 보험에 가입했다면 20년 납입기간을 거의 채워가고 있을 텐데, 마흔이 넘어 새로 보험에 가입해야 한다면 그 기간을 어떻게 정해야 할지 고민이 될 것이다. 예를 들어 45세의 남성이 앞으로 20년간 납입한다면 65세 될 때까지, 즉 은퇴 이후에도 계속 보험료를 내야 하는 상황이 된다. 50대라면 더욱 심각하다. 최악의 상황은 국민연금 수급 연령이 되어서도 계속 보험료를 내야 하는 상황인데, 이는 국민연금을 받아 민간보험료를 내야 하는 형국이다.

평소 보험의 필요성은 절감했지만, 시기적으로 늦은 사람도 있을 것이다. 이에 대처할 수 있는 방안이 있다. 더 늦기 전에 취할 수 있는

구분	53~56년생	57~60년생	61~64년생	65~68년생	69년생 이후
노령연금	61세	62세	63세	64세	65세
조기노령연금	56세	57세	58세	59세	60세
반환일시금	61세	62세	63세	64세	65세

▲ 출처: 국민연금공단 홈페이지

방안에 대해 살펴보자.

비교적 젊을 때엔 금액적인 부담을 줄이기 위해 보험료 납입기간, 즉 돈을 내는 기간을 20년이나 30년으로 길게 잡는다. 하지만 40대나 50대의 경우 시간적인 여유가 허락되지 않는다. 퇴직이 가까이 다가오고 있는데 앞으로 20년간 보험료를 내야 하는 새로운 상품에 가입하는 것은 부담일 수밖에 없다. 이에 대한 방안으로 5년납이나 10년납을 선택하여 보험료 내는 기간을 줄이는 방법이 있다. 본인의 예상 은퇴 연령을 감안하여 그 안에 보험료를 다 낼 수 있는 기간을 선택하는 방법이다.

아니면 정기보험이라는 대안을 선택한다. 경제적으로 여유가 허락된다면 비싼 값을 주고서라도 짧게 보험료를 내는 상품에 가입할 수 있지만 그렇지 못한 경우, 이에 대한 대안으로 정기보험을 선택할 수 있다. 종신보험의 경우 기간의 차이는 있어도 언젠가는 사망에 따른 보험료를 받게 되지만, 정기보험은 70세나 80세 또는 90세까지 기간을 정해놓고 그 기간이 지남과 동시에 보험의 효력이 없어지는 상품이다. 정기보험을 통해 80세까지 보험 기간을 설정해놓으면 85

세에 사망 또는 사고가 발생할 때엔 혜택을 받을 수 없다. 하지만 이러한 점 때문에 매월 내는 보험료가 종신보험에 비해 저렴하다는 특징이 있다.

- 4050 세대를 위한 보험이 필요하다.
- 종신보험도 실손보험도 필요하다.
- 정기보험이라는 대안도 있다.

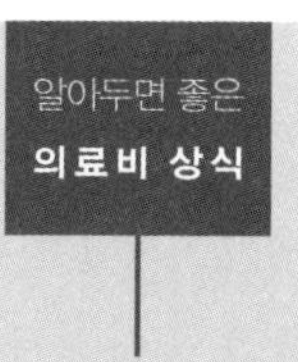

케이블TV
암보험

어느 날 저녁 우연히 TV를 돌려 보다가 깜짝 놀란 나머지 벌떡 일어나서 봤던 케이블TV 광고가 있다. 바로 A○○ 생명보험의 '암보험'이 그것인데, 무슨 보험이 빵빵한 보장에 갱신형도 아니고, 만기에 돌려준다고까지 하는가 싶었다. 만일 광고에서 하는 내용이 사실이라면, 신이 내려준 암보험이라는 생각까지 들었다. 그렇다면 어떤 상품인지 한번 살펴보자.

장점은?

갱신형이 아니다

요즘은 보험사들의 계산이 더욱 정밀해져서 웬만한 상품은 '갱신형'이 당연한 것으로 받아들여지고 있는데, 해당 상품은 갱신형이 아니다. 다시 말하면 보험료를 한 번 정하면 끝까지 간다는 것이다. 매달 내는 보험료에 대해 약간의 수학적인 계산을 해보자면 화폐의 가치를 따져보았을 때 지금보다 나중이 훨씬 더 상대적으로 가치가 낮아지는 것이기 때문에 인플레이션의 비율만큼 매달 보험료가 줄어드는 효과까지 있게 된다. 일단 가장 큰 장점이다.

중복보장 가능

정액보험인 만큼 다른 보험사 상품과 복잡하게 비율 계산할 것 없이 정해진 금액을 지급해준다. 다른 생명보험과 같은 항목이 중복된다 하더라도 해당 사항이 있으면 '묻지도 따지지도 않고' 보장을 받을 수 있다는 점 역시 장점으로 생각할 수 있다.

만기에 돌려준다

만기축하금이라는 항목인데 종류에 따라 납입한 주계약금의 50퍼센트 또는 100퍼센트를 지급해주는 것이다. 광고에서는 무조건 다 돌려주겠다는 식의 뉘앙스를 풍겼는데, 좀 더 자세히 보면 계약 내용에 따라 약간의 차이가 있음을 발견할 수 있으니 이것은 장점이라고 하기엔 애매하다.

단점은?

진단금 위주의 상품이다

암은 치료과정에서 경제적으로 상당히 부담이 된다. 치료가 성공적으로 끝난다 하더라도 경제적인 능력을 잃을 확률이 높은데, 해당 상품은 암이라는 진단에 대해서만 보장을 해주고 그 이후에 발생하게 될 병원비와 통원치료비에 대해서는 특별한 보장을 해주지 않는다. 물론 진단금 자체에 향후 발생할 의료비를 미리 보장해줄 정도의 금액(4,000만 원, 8,000만 원)이 책정되어 있기 때문에 책정된 보장금액이 야박하다고는 생각하기 어렵다. 하지만 암보험이라는 이름에 걸맞게 치료비까지 일정 부분 포함된다면 더 좋은 상품이 되지 않았을까 생각된다.

보장만기가 80세까지다

100세까지 사는 세상인데 80세까지만 보장된다면 85세 정도에 암 진단을 받는 경우 정해진 보장을 받을 수 없다. 혹시 젊은 독자 중에 '80세 넘었으면 암에 걸려도 여한이 없는 것 아닌가' 생각하실지 모르겠는데, 그렇지가 않다. 전국노래자랑의 국민 MC 송해 선생님은 1927년생으로 2013년 현재 만 86세의 나이에도 매주 전국을 돌아다니며 방송을 하고 계시지 않는가.

암보험을 고를 때 고려해야 할 사항

갱신형 VS 비갱신형

이왕이면 매년 가격이 오르게 되는 갱신형보다는 한 번 가격을 정하고 나면 끝까지 변동이 없는 비갱신형 상품이 상대적으로 좋다. 하지만 비갱신형 상품이라도 미래의 화폐가치까지 꼼꼼하게 따져서 처음의 보험가입 금액으로 책정하게 되므로 무조건 어떤 것이 좋다 나쁘다의 구분은 큰 의미가 없다. 앞으로 60세까지 안정적으로 월급을 받거나 소득을 만들어낼 수 있다면 갱신형을 선택하여 가격이 오르더라도 감당할 수 있도록 하면 되고, 월급의 기복이 심하거나 안정적인 직장이 아니라면 비갱신형을 택하는 것이 더 나을 수 있다.

보장내역

암보험은 크게 진단 받았을 때의 진단급여금과 입원/통원에 따른 의료비 보장의 두 개 항목으로 구성된다. 가장 좋은 상품은 두 개의 보장금액이 큰 경우겠지만 그렇지 못한 경우, 진단급여금이 많은 것보다는 의료비 보장이 잘 되는 상품이 유리하다. 암의 치료 기간이 짧다면 보장금액을 많이 받아서 의료비로 사용하면 되겠지만 암은 그 치료기간이 짧게는 몇 개월 길게는 몇 년이 소요되기 때문에 치료 기간 중 계속해서 보험금을 받을 수 있는 상품이 경제적인 면에서는 더 낫다.

가입 채널

보험설계사에게 상담 받고 가입하는 것보다는 보험회사의 상담전화나 인터넷을 통해 가입하는 것이 경제적으로 더 유리할 것이라고 생각하기 쉽다. 왜냐하면 보험설계사를 통해 가입하면 판매수수료 등이 더해지기 때문에 상품 가격이 오를 수 있다고 판단하기 때문인데, 보험회사의 상담전화나 인터넷 역시 고유한 유지비가 포함되기 때문에 상품의 가격 자체는 크게 차이 나지 않는다. 이왕이면 보험설계사와 직접 얼굴을 보고 계약하면 궁금한 점도 물어보고 여러모로 도움이 된다.

저축으로 대비하는 4050 의료통장

4050 세대라면, 지금까지 사회생활을 해오면서 여러 명의 재무설계사, 보험설계사들과 만나 보험에 대해 이야기를 나눌 기회가 많았을 것이다. 그렇기 때문에 보험의 필요성을 더 이상 언급하지 않아도 될 것 같다. 하지만 병원 신세를 지게 될 경우, 기회비용은 조금은 다른 이야기다. 기회비용을 염두에 두지 않으면 가정 경제에 막심한 손해를 입히게 되기 때문이다. 지금부터는 의료비에 대한 기회비용을 어떻게 마련해야 하는지 그 방법을 살펴보자.

기간은 10년, 금액은 3,000만 원

어떤 일을 계획하든 가장 강력한 실행방안 중 하나가 바로 '마감시한'을 정해놓는 것이다. 의료비 기회비용을 마련하는 일도 마찬가지다. 우선, 10년으로 정해볼 수 있다. 왜 5년이나 15년이 아닌 10년일까? 이는 적어도 국민연금을 받게 되는 시기 이전까지는 의료통장이 완비되어야 한다는 점을 고려한 것이다.

10년간 3,000만 원의 기회비용을 마련해야 한다. 원금 기준으로 1년에 300만 원씩이며, 한 달이면 25만 원이다. 그럼 그다지 큰 금액이 아니라고 생각할지도 모르는데 이 역시 쉽지 않다. '의료통장' 명목으로 보험료 나가는 것까지 포함하면 지금 이 순간 이후 한 달에 25만 원씩 추가로 나가야 한다는 계산인데, 빠듯한 수입에 한 달 25만 원이면 결코 적은 돈이 아니다. 그럼에도 불구하고 다음의 방법을 제안한다.

3%의 적금으로 마련할 수 있다

목표금액을 3,000만 원으로 하고, 납입기간을 10년(120개월)으로 잡으면, 연 3퍼센트 이율을 적용받는 적금의 경우 매월 넣어야 할 적금액은 22만 1,640원이 된다. 즉, 한 달에 22만 원 정도를 꾸준히 모으면 기회비용을 마련할 수 있다.

연 3퍼센트 이율이라고 하면 겨우 물가상승률 따라잡는 정도인데, 그것만으로는 부족하다고 생각할 수 있다. 그렇기 때문에 상대적

목표금액	3,000만 원			
불입기간	10년(120개월)			
이자율	연 3%			
구분	매월적금액	원금	세후이자	세금
일반과세	221,640	26,596,800	3,403,260	619,505
세금우대	219,900	26,388,000	3,612,022	339,162
비과세	217,155	26,058,600	3,941,363	–

으로 좀 더 높은 수익을 기대해볼 수 있는 주식이나 펀드에 투자하는 유혹을 느끼게 된다. 주식이나 펀드의 경우 적은 돈을 들인다 해도 일명 '대박'이 나게 되면 원금의 몇 배 또는 몇십 배를 수익으로 얻을 수 있기에 적금이 아닌 주식이나 펀드로 준비하고 싶다는 유혹을 강하게 느낄 수밖에 없다.

하지만 이때 생각해봐야 할 것이 있다. 투자한 돈이 "반 토막이 나도 괜찮겠는가"이다. 만일 열심히 투자를 계속해 원금만 2,000만 원이 되었는데, 미국의 금융위기와 같은 경제상황이 다시 발생하여 주식이나 펀드의 수익률이 반 토막이 난다면, 이 문제를 어떻게 해결할지 미리 생각해봐야 한다.

그렇기 때문에 답답한 마음이 들어도 3퍼센트 이율의 적금으로 의료통장을 준비하기를 제안한다. 60세 이후부터 아픈 것은 '확실한 사건'이기 때문이다. 다만 언제 아플 것인지 모를 뿐이다. 80세를 넘어서까지 건강할 수도 있지만, 확률적으로 보았을 때 대부분은 특히

64세부터는 의료비가 본격적으로 나가게끔 되어 있다.

성과급을 운용하는 방법도 사용해볼 수 있다

매월 적금을 통해 의료비를 마련하는 것이 가장 좋은 방법이지만, 대단히 번거로운 일이기도 하다. 회사나 가정에서 신경 써야 할 일도 많은데, 새로 적금을 시작하고 매월 일정한 금액을 넣는 것은 상당한 노력과 관심이 필요한 일이기 때문이다. 그렇기에 적금을 꾸준히 지속시킬 자신이 없다면, 연 1회의 '성과급'을 통해 의료통장을 준비해놓고 잊어버리는 방법도 있다. 즉, 목돈을 한꺼번에 받는다면 그 목돈을 잘 굴려서 의료통장으로 활용해볼 수 있다는 말이다.

예를 들어 500만 원을 연 3퍼센트 이율로 10년간 통장에 넣어두면 만기엔 세전으로 626만 9,000원을 받게 된다. 이러한 원리를 이용하여, 매년 거액의 성과급을 받을 때마다 목돈을 따로 예금으로 넣어둔다면 조금 더 빠르게 의료통장이라는 항아리에 물을 가득 채울 수 있다.

매년 500만 원씩을 6년에 걸쳐 예금·적금하게 되면 원금만 3,000만 원이 된다. 1,000만 원이라면 3년이면 충분하다. 그런데 문제가 있다. 설령 500만 원, 1,000만 원이라는 거금을 성과급으로 받을지라도 오로지 '의료통장'에 넣어둘 수 있을지의 문제다. 40대나 50대는 성과급을 받는다 해도 쓸 곳이 많기 때문이다. 자녀교육비도 부담해야 하고, 해마다 올라가는 전세금도 미리 준비해놓아야 한다. 거기에서 끝나지 않고 자녀가 대학에 진학할 때가 된 만큼 등록금도 따로 챙겨야 한다. 따라서 성과급은 월급과 마찬가지로 그저 우리의 통장을 잠깐 찍고 지나가는 돈일 뿐이다.

성과급으로 준비하겠다는 생각은 나쁘지 않지만, 현실적으로는 거의 불가능에 가깝다고 할 수 있다. 이는 그동안 필자가 재무상담을 해주었던 4050 세대 대부분이 보여준 현실이다.

4050 세대를 위한 의료통장 액션 플랜

앞장에서 설명했던 2030 세대를 위한 액션 플랜을 4050 세대에게 적용해본다면 아래의 그림처럼 요약할 수 있다. 기회비용(삼각형 부분)을 위한 지출은 월 22만 1,000원에, 보험으로 대비하는 의료통

〈 4050 세대 남성을 위한 의료통장 액션 플랜 〉

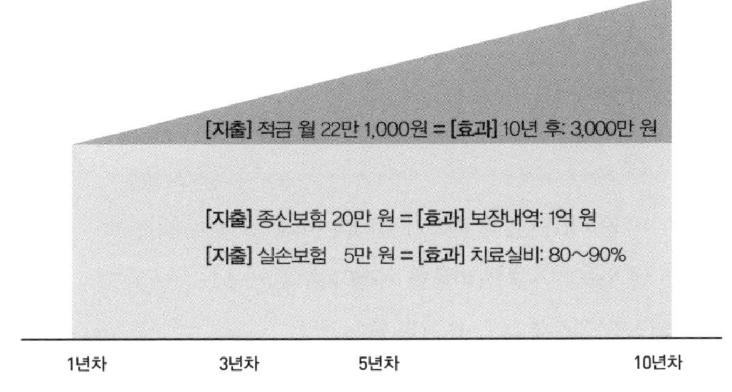

장(사각형 부분)은 월 25만 원으로 실행할 수 있다. 총 한 달에 47만 1,000원으로 의료통장 준비는 완료된다고 볼 수 있다.

금액만을 놓고 보면 2030 세대에 비해 훨씬 부담이 크다. 미리 준비하지 못했기에 감내해야 하는 현실이다. 하지만 지금보다 더 늦어지면 이 금액에서 더 올라가 힘들어질 것이다. 덧붙여 자신의 재정상태와 건강상태는 본인이 가장 잘 알 터이니, 더 보장받아야 하는 부분은 없는지 함께 고민해야 한다.

- 4050 세대는 10년 안에 준비가 끝나야 한다.
- 2030 세대보다 더 높은 비용을 치러야 한다.
- 하지만 늦어질수록 더 큰 비용이 들어간다.

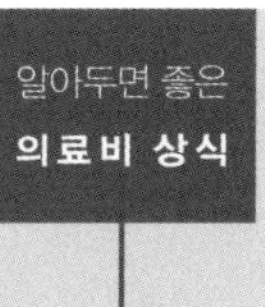

남성이 주의해야 할
질병 5가지

2012년 5월 건강보험심사평가원에서 남성이 조심해야 할 질병 대표적인 증상 5개를 발표하였다.

주의력 결핍 및 과잉행동 장애(ADHD—Attention Deficit Hyperactivity Disorder)

* 주의력이 부족하여 산만하고 과다활동, 충동성을 보이는 상태.

- 원인과 증상

  발병 원인에 대해서는 현재까지 정확하게 알려진 바가 없으나 전문가들은 신경·화학적 요인, 유전적 요인 및 환경적 요인들이 상호 작용을 하는 복잡한 연관성을 갖고 있다고 보고 있으며, 주된 증상으로는 과잉행동, 주의력 결핍, 충동성, 공격성 등이 관찰되고 있다.

전립선비대증

전립선이 비대해져 나타나는 일련의 하부요로증상이 정상적인 생활과 충분한 수면을 방해하는 것. 하부요로증상이란 남성에서 빈뇨, 야간빈뇨, 절박뇨, 지연뇨, 단절뇨 등 방광의 저장 및 배출장애를 나타내는 증상을 통칭하여 정의하고 있다.

- 원인과 증상

  전립선비대증의 정확한 발병 원인과 기전은 밝혀지지 않고 있지만, 일반적으로 남성의 노화과정과 남성호르몬을 분비하는 고환이 관련이 있다고 볼 수 있는데 전립선비대증은 신속한 치료를 필요로 하는 질병은 아니지만, 장기간 지속될 경우 삶의 질에 큰 영향을 미치며, 합병증으로 요로감염, 혈뇨, 급성요폐, 방광결석, 신장기능저하 등이 발생할 수 있다.
  대개의 경우 과도한 음주, 추운 날씨, 감기약을 복용한 경우에 급성요폐가 발생할 가능성이 높아짐.

당뇨병

당뇨병은 췌장에서 분비되는 인슐린이 부족하거나 몸에서 포도당의 이용이 정상적으로 이루어지지 않게 되는 대사질환. 당뇨병은 크게 제1형 당뇨병과 제2형 당뇨병으로 구분되는데, 제1형 당뇨병(인슐린의존 당뇨병)은 인슐린을 분비하는 췌장의 베타세포의 파괴로 인슐린의 분비가 절대적으로 부족하여 발생. 제2형 당뇨병(인슐린비의존 당뇨병)은 인슐린 저항성과 함께 상대적인 인슐린 분비장애가 주된 기전이 되어 발생하며, 일반적으로 40세 이후에 발생하고 비만인 경우가 많음.

- 원인과 증상

  당뇨병은 비만, 노화, 임신, 감염, 수술, 스트레스, 약물남용 등의 여러 가지 환경인자가 작용할 때 발생하는 것으로 알려져 있으며, 당뇨병의 3대 증상은 다음, 다뇨, 다식이며 이외에도 시력장애, 성장장애, 여러 감염증 등이 있음.

대장용종

대장용종이란 대장 점막이 비정상적으로 자라 혹이 되어 장의 안쪽으로 돌출되어 있는 상태를 말하며, 암으로 발전할 가능성이 있는 종양성 용종과 암으로 발전할 가능성이 없는 비종양성용종으로 나뉜다.

- 원인과 증상

  최근 용종절제술이 급증한 원인으로는 서구화된 식습관, 흡연 및 과음, 비만의 증가 등 외부적인 요인과 내시경 검사를 통해 조기 발견율이 높아졌기 때문으로 볼 수 있다. 대장용종이 발생하더라도 대개 증상이 없어 인지하지 못하다가 대장검사에서 우연히 발견되는 경우가 많다. 용종이 발견되면 가능한 한 제거하는 것이 좋으며, 특히 선종성용종은 대장암으로 진행되는 전 단계이므로 반드시 용종절제술을 받아야 한다. 선종성용종의 원인은 대장암의 발생 위험인자와 동일하게 고지방식 식습관, 비만, 음주, 흡연 및 유전적인 요인 등으로 알려져 있으며, 특히 동물성 지방의 과도한 섭취와 섬유질 섭취의 부족, 운동 부족으로 인한 체지방 증가 등은 반드시 피해야 한다.

요로결석

요로계에 요석이 생성되어 소변의 흐름에 장애가 초래되고, 이로 인해 복부에 격심한 통증이 발생하며, 통증이 심한 경우 구역, 구토, 요로 감염, 신부전증 등이 나타나는 질환.

- 원인과 증상

  요로결석의 통증은 갑자기 나타나 수십 분에서 수 시간 지속되다가 사라진 후 또다시 나타나는 간헐적인 형태를 보이는 경우가 흔하며, 대개는 통증이 매우 심하여 응급실을 방문하게 된다. 요로계에 요석이 생성되는 가장 중요한 발병 원인은 수분 섭취의 감소인데, 수분 섭취가 감소하면 요석결정이 소변에 머무르는 시간이 길어져 요석 형성이 증가하게 된다.

4050 여성을 위한 의료통장 조건

의료비와 재무설계 측면에서 보면 4050 세대의 여성은 크게 두 가지의 특징이 있다. 하나는 전업주부의 비중이 상당히 높다는 것, 다른 하나는 폐경기와 부인병으로 인해 병원에 갈 일이 점점 많아진다는 것이다.

한국일보에서는 2012년 2월 "'마흔 살 넘기면 퇴직 압박' 금융권 여성 차별 아직도…"라는 기사를 통해 마흔 살을 넘긴 직장 여성이 눈치를 봐야 하는 현실을 짚어냈다. 그리고 여성가족부에서 2008년에 조사한 결과에 따르면 직장 여성은 결혼, 임신, 출산 등의 이유로 스스로 그만두는 비중이 전체 퇴직 사유의 절반을 넘었고 기타의

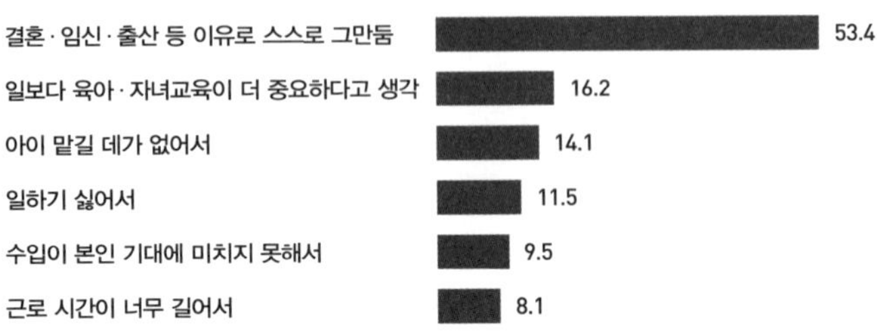

▲ 출처: 여성가족부가 기혼 여성 2200명을 조사한 결과 (2008년)

이유들도 자녀의 양육에 관련된 항목이 높은 비중을 차지했다. 이는 4050 세대 여성들은 자의든 타의든 전업주부로 살 확률이 높아짐을 뜻한다.

아래의 그림은 한국유방암학회에서 발표한 연령별 유방암 발생

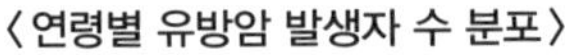

〈 연령별 유방암 발생자 수 분포 〉 (2006년)

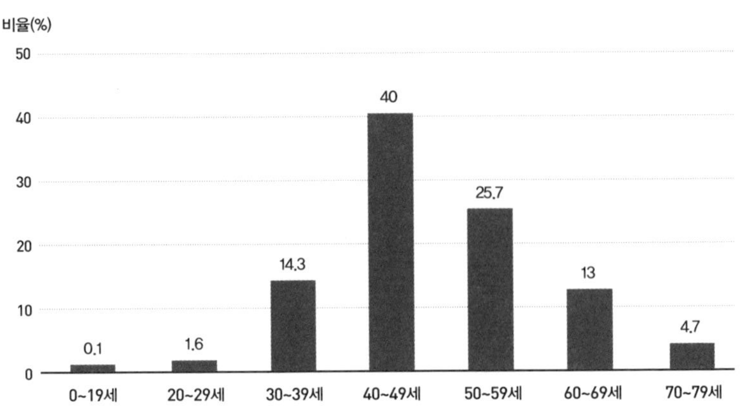

▲ 출처: 한국유방암학회 유방암 백서 2006-2008

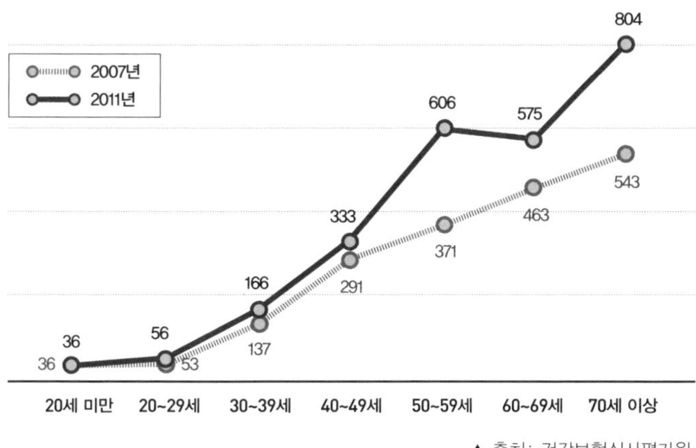

자 수의 분포를 나타낸 것인데, 40세에 접어들면 유방암이 발생할 확률이 급격하게 높아짐을 보여준다.

건강보험심사평가원에서는 위의 그림과 같이 '악성 흑색종'에 대해 남녀 모두 40대부터 발병률이 높아진다는 것을 발표하였다. 질병에 걸린 확률이 높아지는 만큼 여성이 40대에 들어서면서 건강에 더욱 유의해야 함을 보여준다고 볼 수 있다.

4050 여성의 의료통장 준비 방안

여성의 경우 40대부터 전업주부로 살아갈 확률도 높아지고 의료비를 지출할 확률도 대단히 높아진다는 사실을 살펴보았다. 이러한 특징을 기반으로 4050 세대 여성을 위한 의료통장은 어떻게 준비해야 하는지 살펴보자.

종신보험은 필수가 아니다

종신보험은 그 특성상 가족을 부양하다가 불의의 사고를 당할 경우 남겨진 가족이 경제적인 어려움을 겪지 않도록 만들어주는 장치라 할 수 있다. 전업주부는 경제적으로 가족을 부양해야 하는 의무를 지는 것은 아니기 때문에 종신보험 가입 의무는 남성 가장에 비해 덜하다고 볼 수 있다. 현재 종신보험을 갖고 있는 전업주부라면 이를 계속 유지할 것인지 점검이 필요하다.

실손보험은 필수다

종신보험은 그 중요성이 낮아지는 반면에 실손보험은 중요하다. 소소하게 나가는 병원비를 실손보험이 보장해주기 때문이다. 그리고 암과 같은 중병의 경우에도 진료비와 입원비에 대해 실제 지출액의 80~90퍼센트까지 지원해주기 때문에 더욱 유용하다.

기회비용을 따로 준비할 필요가 없다

의료통장에서의 기회비용은 아파서 일하지 못하는 경우를 대비하여 생활비 등을 미리 준비하는 측면이 강하다. 하지만 전업주부의 경우에는 의료비에 있어서 기회비용이 발생한다고 보기 어렵기 때문에 기회비용을 따로 준비할 필요는 없다.

제대로 된 실손보험이면 의료통장은 준비 완료다

앞서 20대와 30대 남녀 전체, 그리고 40대와 50대 남성의 경우엔 비교적 지면을 많이 할애하여 경우에 따라 준비해야 할 사항을 설명하기도 하고, 금액을 어떻게 모아야 할지 계산도 해보았다. 그런데 4050 세대 여성의 경우 '전업주부라면' 이러한 계산법을 사용하지 않더라도 제대로 된 실손보험 하나로 모든 것을 처리할 수 있다. 그리고 현재 보장이 잘 커버되는 실손보험을 가지고 있다면 추가적으로 따로 조치할 일은 없다.

그렇다면 전업주부가 아닌 여성의 경우는 어떻게 해야 할까? 가장으로서의 역할을 하고 있으므로 앞서 설명했던 4050 세대의 남성과 동일하게 의료통장을 준비해야 한다.

- 4050 세대 여성은 병원에 갈 확률이 높아진다.
- 종신보험보다는 실손보험이 더 필요하다.
- 전업주부가 아니라면 남성과 같은 액션 플랜을 짜야 한다.

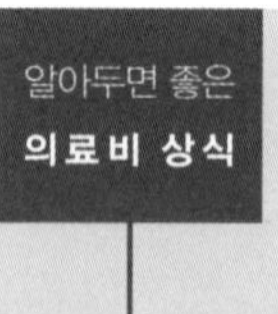

여성이 주의해야 할
질병 5가지

이번에는 여성이 주의해야 할 질병들을 살펴보자. 참고로 여기에 소개되는 내용은 유방암이나 자궁암과 같이 여성에게만 발생되는 질병이 아니라 남녀 공통으로 발생하는데 그중에서 특히 여성에게 발생하는 비중이 높은 것을 다룬다.

하지 정맥류

다리에 분포되어 있는 정맥의 일반 판막 기능 장애로, 혈액의 역류 등이 일어나 하지의 표재 정맥이 비정상적으로 부풀고, 꼬불꼬불해지는 상태로 대부분의 사람들은 "힘줄이 튀어 나왔다"라고 표현함(2011년에 전국에서 13만 4,000명이 하지 정맥류 진찰을 받았다).

• 원인과 증상

하지 정맥류는 일반적으로 체중이 많이 나가거나 오랫동안 서 있는 일을 할 경우 또는 가족력 등이 주요 발병 원인이다. 방치하게 되면 발목 주위가 붓기 시작하는 부종의 증상과 다리 피부색이 부분적으로 갈색으로 변하는 피부 착색이 오며 말기에는 가려움증, 피부궤양과 같은 합병증이 유발될 수 있다.

담석증

담석이란 담즙 내 구성 성분이 담낭이나 담관 내에서 응결 및 침착되어 형성된 물질인데, 이러한 담석이 담낭 경부, 담낭관 혹은 총담관으로 이동하여 염증이나 폐쇄를 일으켜 증상을 일으키는 것을 담석증이라고 한다.

- 원인

  담석은 비정상적으로 콜레스테롤의 수치가 높아져 생성되므로 고령, 고지방 식이(서구화된 식습관), 비만과 체중 감소, 임신 등이 위험인자로 분류되고 있다.

로사세아

주로 코와 뺨 등 얼굴의 중간 부위에 발생하는데 붉어진 얼굴과 혈관 확장이 주 증상이며, 간혹 구진, 농포, 부종 등이 관찰되는 만성질환의 일종이다. 주로 코와 같은 얼굴의 중간에 발생하므로 흔히 '딸기코증'이라고 부르기도 하지만 얼굴 전체적으로 발생 가능성이 있다.

- 원인과 증상

  로사세아 초기에는 단지 일시적인 홍반(붉어짐)만이 간헐적으로 나타나고 여러 가지 비특이적 자극인 자외선, 열, 한랭, 극한 감정변화, 술, 뜨겁거나 자극성이 강한 음식 등에 의해 악화될 수 있다. 시일이 경과하여 진행이 되면 홍반과 더불어 모세혈관 확장 및 여드름과 같은 모낭의 염증성 구진과 농포가 나타나게 된다.

확실한 발병 원인은 밝혀지지 않았지만 대부분의 로사세아 환자에서 열이나 다양한 자극에 대한 혈관 조절기능 이상이 관찰되어 이와 관련이 있을 것으로 추측되고 있을 뿐이다.

손목터널증후군

손목터널(수근관)이 여러 가지 원인으로 인해 압력을 받거나 좁아지게 되면서 신경이 자극을 받아 발생하는 질환이다. 2011년 한 해에만 14만 명 이상이 손목터널증후군으로 진료 받았다.

- 원인과 증상

  정확한 발병 원인은 밝혀지지 않았으나, 손목터널을 덮고 있는 인대가 두꺼워져서 정중신경을 압박하게 되는 경우가 가장 흔하게 나타나고 있다. 대표적인 증상은 손목 통증과 함께 정중신경의 지배부위인 엄지, 검지, 중지와 약지의 일부에 해당되는 손바닥 부위의 저림 증상이 심해지는 것이며 심할 때는 잠자는 도중에도 통증을 느껴 잠에서 깨는 경우도 있고, 질환이 오래 지속된 경우 손의 힘이 약해지는 운동마비 증세가 발생하기도 한다.

전정기능장애(어지럼증)

어지럼증은 두통과 더불어 가장 흔한 신경학적 증상이며, 생리적 어지럼증과

병적 어지럼증으로 나누어진다.

- 생리적 어지럼증: 질환과 질병에 관계없이 외부 자극에 반응하여 발생하는 어지럼증(예: 멀미)

- 병적 어지럼증: 전정기능에 장애가 발생하여 어지럼증을 느끼게 되는 것으로 병변의 위치에 따라 말초성 어지럼증과 중추성 어지럼증이 있음

  (*전정기능이란 몸의 운동감각이나 신체의 평형을 유지하는 기능으로, 말초전정계는 귓속에 있는 반고리관과 전정으로 구성되며 중추전정계는 전정신경과 전정핵, 소뇌로 구성됨)

- 증상: 전정기능의 장애가 발생하면 대부분의 환자는 어지럼증을 호소하게 되며 심한 경우 구토, 안면 창백, 식은땀 등의 증상을 동반하게 됨

CI 보험, 꼭 가입해야 하는가

지금까지 세대별로 준비해야 하는 의료통장에 대해 살펴보았다. 주로 보험과 적금을 통해 의료통장을 준비하는 액션 플랜을 제시하였는데, 그와 별도로 많은 사람들이 궁금해하는 CI보험에 대해서 간략하게 살펴보자.

CI보험은 보험을 판매하는 보험설계사들에게도, 보험에 가입하는 고객들에게도 상당히 호불호가 명확하게 갈리는 상품이다. CI보험에 대하여 호의적인 입장에 있는 사람들의 이야기를 들어보면 종신보험의 성격을 갖고 있으면서 중병에 걸렸을 때 미리 사망보험금을 일부 받을 수 있기에 생활안정대책으로 활용할 수 있다는 점을 장점으로 꼽는다. 반면에 좋아하지 않는 쪽의 의견을 들어보면 '중대한 질병' 자체가 이미 사망에 가까운 상태이기 때문에 가입자에게 도움이 되기 어렵다고 본다. 과연 CI보험은 어떤 보험일까? 그리고 어떤 상황에서 도움이 되고 어떤 상황에서 도움이 되지 않는지 살펴보자.

CI보험이란?

CI보험은 '중대한(Critical) 질병(Illness)'에 걸리게 될 경우 미리 책정해둔 사망보험금을 일정 비율 미리 받을 수 있도록 설계한 상품이다. 즉, 큰 병에 걸리면 치료하는 데에도 돈이 필요하고 완쾌된 이후에도 경제적으로 어려워질 확률이 높기 때문에 사망보험금을 '선지급' 해주는 것으로 이해하면 된다.

이 세상의 모든 질병이 모두 중대한 질병이라고 표현할 수 있겠지만 보험회사에서 CI보험을 통해 규정하는 중대한 질병이란 크게 3개의 카테고리로 나누어볼 수 있다.

- 중대한 질병: 중대한 암이나 뇌졸중, 급성심근경색증의 3대 질병에 폐질환, 간질환, 말기신부전증
- 중대한 수술: 5대 장기이식 수술(간장/폐/신장/췌장/심장) 및 관상동맥우회술, 심장판막수술
- 중대한 화상: 신체 표면의 20퍼센트 이상이나 3도 화상을 입은 경우

CI보험에서 이야기하는 선지급이란 피보험자가 중대한 질병에 걸리면 보험사에서는 정해진 사망보험금의 50~80퍼센트 이내에서 미리 보험금을 지급하고 나머지 20~50퍼센트는 사망 시에 지급하는 방식을 가리킨다. 종신보험은 기본적으로 '사망' 이후에 정해진 금액을 주는 방식을 택하고 있는 데 반해, CI보험은 '사망'이 아닌 사유에 의해 '사망보험금'을 미리 지급하기 때문에 '선지급'이라고 한다.

CI보험의 장점

각 보험회사 홈페이지나 소개 자료에 따르면 CI보험은 기존의 종신보험이나 실손보험으로 보장이 좀 부족한 부분을 보충할 수 있다는 장점과 함께 '선지급'의 특성이 있어 중대한 질병으로 인한 경제적인 어려움을 이겨낼 수 있다고 강조한다. CI보험의 특성을 잘 활용하면 위에서 언급한 장점 이외에도 몇 가지 이점이 더 있다.

보험료 납입 면제 혜택

보통의 CI보험 계약자들이 가입을 하고도 잘 모르는 장점이 있다. 보험료 납입 면제 혜택이 그것인데 보험금 선지급 사유가 있는 경우, 향후 보험회사에 보험료를 낼 의무가 없어지는 동시에 보험의 계약은 종신 때까지 효력이 연장되는 것을 뜻한다. 추가적인 설명을 하겠지만 CI보험은 상당히 비싼 보험 상품이기 때문에 사유 발생 후 매월

20만 원 이상의 보험료를 평생 동안 절약할 수 있다는 것은 상당한 장점이다. 그렇기에 특히 '가족력'으로 중대한 질병이 염려되는 사람이라면 가입을 적극적으로 검토해볼 필요가 있다. 물론 이러한 장점과 상관없이 건강한 인생을 산다면 더 좋을 것이다.

일시납을 활용한 자녀의 건강관리

주계약 금액을 5,000만 원 정도로 하면 20세 남자는 일시납으로 대략 1,200만 원에 가입할 수 있다. 이는 자녀에게 미리 의료통장을 마련해줄 수 있음을 의미한다. 자녀가 성인이 된 이후 병원비 걱정을 하지 않도록 미리 준비해주고 싶다면 이러한 일시납을 활용해볼 수 있다. 특히 교보생명과 메트라이프의 경우 CI보험 가입자를 대상으로 별도의 헬스케어 서비스를 제공하고 있기 때문에 자녀가 평생 건강관리를 받을 수 있도록 해주는 효과도 기대해볼 수 있다.

동시에 최저환급금 보증제도가 있어 일시납으로 보험 계약을 하게 되면 대략 20년 후에는 일시납으로 납부한 원금 이상으로 최저환급금이 쌓이게 된다. 나름대로 원금보장 기능을 하는데 시간이 좀 길게 필요한 것으로 이해하면 될 것 같다. 원금 수준을 넘으려면 20년이나 기다려야 한다는 뜻으로 받아들일 수도 있지만 15세 또는 20세 자녀들 둔 경우 20년 후라면 자녀들이 아직 40세가 되기 전이다. 자녀들이 조금씩 의료비를 걱정하게 되는 시기인 만큼 미리 준비하는 방법으로 선택할 수 있다

15세 남자

구분	가입금액	보험료
주계약	5,000만 원	8,687,200원
추가보장특약	1,000만 원	95,500원
총보험료		8,782,700원
해지환급률	[4년] 101.8% / [10년] 122.6%	

15세 여자

구분	가입금액	보험료
주계약	5,000만 원	7,190,500원
추가보장특약	1,000만 원	197,700원
총보험료		7,388,200원
해지환급률	[4년] 101.2% / [10년] 121.4%	

20세 남자

구분	가입금액	보험료
주계약	5,000만 원	10,129,740원
추가보장특약	1,000만 원	109,400원
총보험료		10,239,140원
해지환급률	[4년] 101.9% / [10년] 123%	

20세 여자

구분	가입금액	보험료
주계약	5,000만 원	8,368,060원
추가보장특약	1,000만 원	229,500원
총보험료		8,597,560원
해지환급률	[4년] 101% / [10년] 121%	

CI보험의 단점

CI보험의 경우 보험료가 비싼 것은 단점이다. 일반적인 종신보험이나 정기보험 또는 실손보험에 비해 보험료가 훨씬 더 많이 든다. 혜택이 많기 때문에 지불해야 할 금액이 높아지는 것으로 볼 수 있다. CI보험은 필수가 아닌 추가적인 보장이 필요한 경우에 검토하면 좋은 상품으로 이해하면 된다.

하지만 CI보험 규정에 따라 선지급을 받는 '중대한 질병'에서 '중대한'이란 단어가 분쟁의 소지가 있다. 고객 입장에서는 중대한 질병

주계약
(기준 : 주계약 가입금액 1억 원, 20년납, 월납, 표준체)

보험료 예시	남자				여자			
	30세	35세	40세	45세	30세	35세	40세	45세
기본형 1종 / 두 번 보장형 1종	218,000	256,000	304,000	364,000	188,000	218,000	253,000	296,000

인데, 보험회사 입장에서는 중대하지 않다고 결론 내리는 경우가 가끔 발생하기 때문이다. 그렇기에 CI보험에서 보장하는 중대한 질병에는 어떤 것이 있는지 꼼꼼하게 확인해봐야 한다.

앞에서도 설명했지만 CI보험의 장점은 선지급이 되고 보험료 납입 면제 혜택을 얻을 수 있기에 가족력을 걱정하는 사람에게는 매력적인 상품이다. 여기에 더해 본인이 아닌 자녀의 의료통장을 일시납을 통해 미리 만들어준다는 장점도 있다. 반면 보험료가 비싸다는 점과 '중대한 질병'에 대해 분쟁의 소지가 있다는 것은 단점으로 볼 수 있다.

현명한 가입방법

CI보험에 가입한다면 납입기간은 최대한 길게 잡는 것이 좋다. 납입기간이 길수록 매월 내야 하는 보험료가 줄어든다. 금전적인 면에서

부담을 조금 줄일 수 있는 동시에 납입면제 혜택이 있기 때문에 선지급 사유 이후로는 추가적인 부담 없이 계약을 평생 유지할 수 있다. 납입기간은 최대한 길게 가져가는 것이 유리하다. 혹시라도 선지급 사유가 발생하게 되면 남은 기간의 보험료는 면제되는 것인 만큼 혜택을 좀 더 낮은 가격에 이용할 수 있다.

CI보험이 '중대한'이라는 표현 때문에 분쟁이 많아 M사에서는 CI 대신 GI(General Illness)라는 개념을 적용하는 상품을 판매하고 있다. 특히 소액암까지 보장해주고 있어 기존의 CI보다 조금 더 넓은 범위를 보장한다는 의미에서 'General Illness'라는 이름이 붙였다. 기존의 중대한 질병보다 좀 더 범위를 넓혀서 CI보험의 혜택을 적용시켜준다. CI보험의 특성은 마음에 드는데, 보장해주는 질병의 범위가 좁다고 생각하는 사람이라면 관심 있게 검토해볼 만하다.

- CI보험의 선지급은 강력한 장점이다.
- 자녀의 의료통장을 만들어주는 기능도 있다.
- 장단점을 꼼꼼히 비교하여 본인 필요에 따라 가입한다.

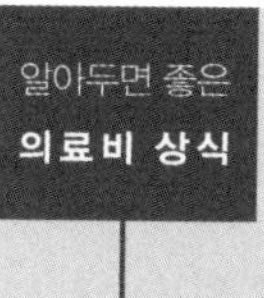

중대한 질병의 '중대한'은
어떻게 해석해야 할까?

CI보험에서 가장 핵심적인 두 가지 사항은 바로 '중대한 질병'과 '선지급'이라고 볼 수 있다. 그렇다면 과연 어느 정도가 되어야 보험회사에서는 중대하다고 인정해줄 것인가.

우선 다음의 표는 왼쪽에는 건강보험에서 정의하는 증상들, 오른쪽에는 CI보험에서 이야기하는 증상들을 비교한 내용이다. 같은 것 같으면서도 미묘하게 다른데, 중요한 것은 이 작은 미묘함 때문에 보험사로부터 보상을 받을 수도 못 받을 수도 있다는 사실이다.

〈 건강보험과 CI보험의 질병에 대한 정의 비교표 〉

구분	건강보험*	CI보험(중대한 질병)
(중대한) 암	정상적인 조직 세포가 각종 물리적, 화학적, 생물학적인 암원성 물질의 작용 또는 요인에 의해 돌연변이를 일으켜서 과다하게 증식하는 증상	악성종양세포가 존재하고 또한 주위 조직으로 악성종양세포의 침윤 파괴적 증식으로 특정지을 수 있는 악성종야(초기 전립샘암 등 일부 암 제외)
(중대한) 뇌졸증	뇌의 혈액순환장애에 의하여 일어나는 급격한 의식장애와 운동마비를 수반하는 증상	거미막밑출혈, 뇌내출혈, 기타 비외상성 머리내 출혈, 뇌경색이 발생하여 뇌혈액순환의 급격한 차단이 생겨서 그 결과 영구적인 신경학적결손이 나타나는 질병
(중대한) 급성심근경색증	3개의 관상동맥 중 어느 하나라도 혈전증이나 혈관의 빠른 수축 등에 의해 급성으로 막혀서 심장의 전체 또는 일부분에 산소와 영양 공급이 급격하게 줄어듦에 따라 심장 근육의 조직이나 세포가 괴사하는 증상	관상동맥의 폐색으로 말미암아 심근으로의 혈액공급이 급격히 감소되어 전형적인 흉통의 존재와 함께 해당 심근조직의 비가역적인 괴사를 가져오는 질병(발병 당시 아래 2가지 특징 요) 가) 전형적인 급성심근경색 심전도 변화가 새롭게 출현 나) CK-MB를 포함한 심근효소가 발병 당시 새롭게 상승

▶ *건강보험은 약관에서 질병의 정의를 별도로 정하지 않고 다른 보험의 정의를 그대로 사용

〈 CI보험 관련 의학용어 정리 〉

구분	의학용어	내용
중대한 암	침윤파괴적 증식	암조직이 처음 발생한 부위의 주변조직을 파고들어가 며 증식하는 현상
	인간면역 바이러스(HIV) 감염과 관련된 악성종양	인체면역바이러스 감염이 되면 면역이 저하되기 때문 에 악성종양이 잘 생김. 카포식 육종(C46)이 대표적
	전암병소	방치하면 악성종양, 즉 암으로 전환할 가능성이 높은 병소
	거미막밑출혈	뇌 실질을 감싸고 있는 경막, 지주막, 연막 등 3개의 뇌막 중에서 중간에 있는 지주막과 연막 사이에 있는 지주막밑 공간에서 뇌동맥이 터지면서 출혈이 일어나 는 현상
	뇌내출혈	갑자기 뇌혈관이 터지며 뇌 안에 피가 고이는 현상
중대한 뇌졸증	일과성 허혈발작	뇌순환혈액량의 감소로 인해 일시적으로 마비, 실어 증상 등이 나타나고 24시간 이내에 증상이 완전히 없 어지는 것
	가역적 허혈성 신경학적 결손	뇌에 공급되는 혈액량의 부족으로 인하여 언어장해, 운동실조, 감각이상, 마비 등의 증상이 일시적(약 24시 간~72시간 이내)으로 나타나는 것
중대한 급성심근경색증	CK–MB, Troponin	대표적인 심근 바이오마커로써 대부분 심근경색 발 병 후 수신간 내에 검출되며, 보통은 24시간 내에 최 대치를 보임(심근이 파괴되면서 심근세포내의 효소 가 혈중으로 유리되어 혈중 심근효소수치가 상승) *Troponin은 CI보험에서 인정하는 심근효소는 아님
	비가역적	원인이 제거되어도 본래의 상태로 돌아가지 않는 것
기타	간성뇌병증	간질환으로 인해 뇌의 기능에 이상이 오는 증상
	카테터	체강(늑막강, 복막강) 또는 관상, 낭상기관(소화관, 방 광 등), 혈과 내용액의 배출 측정 및 검사, 수술 등을 위해 사용되는 시술기구로써 고무 또는 금속제의 가 는 관(튜브)
	9의 법칙	화상면적을 판정하는 판정법 중의 하나로서 신체의 면적수치를 9의 배수로 측정하는 방법
	FEV1 검사	1초 동안의 노력 호기량으로서 최대한 폐를 부풀렸다 가 힘껏 뱉는 공기량 중 1초 동안 나오는 공기량으로 3,900cc 정도가 정상

▲ 출처: 금융감독원 2010년 발표자료 〈CI보험 가입시 유의사항〉

04

의료통장으로
평생건강 지키자

좋은 의료통장의 필수 조건

지금까지 의료통장에 대해 다각도로 살펴보았다. 어떤 부분은 독자들이 수긍할 것이고, 또 어떤 부분은 '이건 아닌데'라고 생각하는 부분도 분명 있을 것이다. 인생이 아파트 평형처럼 규격화되어 있지 않기 때문에, 술과 담배를 남들보다 많이 하고 또 건강하지 못한 생활습관을 갖고 있음에도 건강하게 오래 사는 사람이 있을 것이고, 반면에 건강을 위해 운동도 하고 먹을 것도 가려 먹으면서 살아도 불치병이나 사고로 일찍 세상을 떠나는 사람도 있을 것이다.

필자는 이렇게 극단적인 상황이 아닌 보통의 삶을 살아가는 상황을 기본으로, 어떻게 의료비를 마련하고 대비해야 하는지 설명하고

자 노력했다. 이제 마지막으로 보통의 삶을 사는 사람들이 준비해야 하는 의료통장이 갖춰야 할 조건들을 다시 한 번 점검해보자.

필요할 때 즉시 사용할 수 있어야 한다

의료비로 목돈이 필요해서 융통하려고 하는데, 재산이 모두 전세금으로 들어가 있거나 수익형 부동산인 상가나 오피스텔에 묶여 있다고 가정해보자. 이런 경우 돈이 필요하다고 할 때 즉시 현금화할 수 있을지를 먼저 생각해봐야 한다. 의료통장은 필요할 때 즉시 사용할 수 있어야 한다. 물론 부동산의 경우에도 급매로 싸게 내놓으면 금방 거래할 수 있다고 말할 수 있겠지만, 강남의 재건축 아파트들이 1년에 1, 2억 원씩 떨어져도 매수세가 없다는 뉴스를 보면 급매라도 쉽게 처분할 수 있을 것 같지는 않다.

그렇기에 의료통장은 필요할 때 사용할 수 있는 저장소를 찾아야 한다. ELS에 넣어두고 아직 환매 기간이 안 되어 돈을 융통할 수 없다는 경우가 없어야 한다는 말이다.

이러한 측면에서 가장 든든한 것이 보험회사와 은행이다. 보험회사는 해당사항이 발생할 경우 즉시 처리해주기 때문에 돈을 융통 못 해서 발을 동동 굴러야 하는 일이 없을 테고, 은행의 경우에도 예금이나 적금은 예금주가 '돌려주세요' 하면 즉시 처리된다. 물론 은행 상품은 정해진 기간을 채우지 못하면 약속된 금리를 받을 수 없다.

그렇지만 급하게 돈을 빌리느라 높은 이자를 내야 하는 것에 비하면 적금의 이자를 못 받는 것이 큰 문제가 되지는 않을 것이다.

다른 자산에 피해를 입히지 않아야 한다

자녀교육을 위해 마련한 자금이 병원비로 쓰여야 한다면 상당한 고민이 될 수밖에 없다. 또 전세금을 올려줘야 하는데 병원비가 나가야 하는 상황이라면 이 역시 고민이다. 제대로 된 의료통장은 다른 자산을 해치지 않는 일종의 독립채산으로 존재해야 한다.

나중에 병원비를 마련하기 위해 '무엇을 깼다', '무엇을 포기했다'라는 말을 하기보다는 조금씩 준비해서 그나마 다행이었다는 말을 할 수 있어야 한다.

부담이 적어야 한다

지금 상태에서도 수입은 빠듯하다. 하지만 의료통장을 마련하려면 이 빠듯한 월급을 활용해야 한다. 쉽게 말을 한다면 커피를 하루에 한 잔 줄이면 된다는 식으로도 이야기할 수 있겠지만 그게 어디 쉬운 일이던가. 그래서 최소한의 부담으로 최대한의 효과를 얻을 수 있는 방법을 찾아야 한다. 그리고 이에 대한 해결책으로 필자는 일정 부분

은 보험으로 그리고 나머지 부분은 적금을 통해 준비하는 방법을 제
시하였다. 주식, 펀드나 부동산은 다른 항목의 통장을 불리는 데 사
용하고, 의료통장만큼은 안전한 길을 선택한 것이다.

- 필요할 때 사용할 수 있어야 한다.
- 부담은 적어야 한다.
- 효과는 커야 한다.

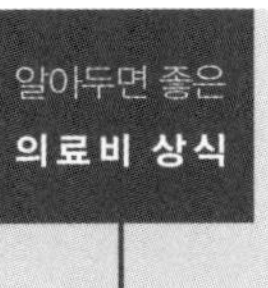

진료비 관련
궁금한 것들

Q. 비급여란?

A. 비급여는 건강보험 대상에 해당되지 않아 병원에서 정하는 진료수가에 따라서 환자 본인이 진료비를 부담하는 항목이다. 비급여의 종류에는 업무 또는 일상생활에 지장이 없는 진료비용, 선택진료료, 상급병실료 차액 그리고 미용 목적의 각종 성형수술 등이 있다.

Q. 대학병원에 가면 왜 동네병원보다 진료비가 더 비싼가?

A. 병원 종류별 가산율 때문이다. 외래진료의 경우, 병원의 종류에 따라 진료비에 차이가 생긴다. 의원보다 병원이, 병원보다는 종합병원이, 종합병원보다는 상급종합병원이 더 비싼 진료비를 받는다. 상급종합병원은 30퍼센트, 종합병원은 25퍼센트, 병원 20퍼센트, 의원에서는 15퍼센트의 진료비가 더 가산된다.

Q. 야간이나 공휴일에 병원에 가면 진찰료가 더 나오는가?

A. 그렇다. 평일은 오후 6시부터, 토요일은 오후 1시부터 다음 날 오전 9시 사이, 그리고 공휴일에 진찰을 받으면 야간이나 공휴가산이 돼서 기본 진찰료의 30퍼센트를 더 내야 한다. 이때 환자가 도착한 시간이 기준이기 때문에 진료는 6시 이후에 받았더라도 병원에 도착한 시간이 6시 이전이라면 야간 가산이 적용되지 않는다.

Q. 입원료는 어떻게 계산되는가?

A. 1박으로 처리되는 하루 입원료는 낮 12시부터 다음 날 낮 12시까지다. 그리고 밤 12시에서 오전 6시 사이에 입원한 경우와 오후 6시에서 밤 12시 사이에 퇴원한 경우는 모두 입원료의 50퍼센트가 가산된다.

Q. 선택 진료를 하면 진료비가 더 부과되는가?

A. 그렇다. 선택진료비는 환자나 보호자가 특정한 의사를 선택해서 진료 받았을 때 내는 비용으로 보험혜택을 받을 수 없는 비급여이다. 선택진료를 신청했다면, 진찰료는 55퍼센트 이내, 입원료는 20퍼센트 이내, 검사료는 50퍼센트 이내, 영상진단료의 25퍼센트 이내, 마취료의 100퍼센트 이내, 정신요법료의 50퍼센트 이내, 처치·수술료의 100퍼센트 이내, 침·구 부항료의 100퍼센트 이내 범위 안에서 해당 병원에서 정한 금액으로 내야 한다.

(*'건강보험심사평가원' 홈페이지 자료를 토대로 재구성)

소득공제＆세액공제
똑똑하게 챙겨라

의료비는 상당한 지출이 필요한 항목인 만큼 정부에서는 의료비 지
출에 대해 소득공제를 해줌으로써 근로자의 부담을 줄여주려 하고
있다. 정부에서는 세수가 부족하다든지 무상보육으로 국가 재정이
위험하다는 식의 이야기를 언론에 흘려보내고 있는 동시에 전체적
으로 근로자의 소득공제 혜택을 줄임으로써 근로자들에게서 세수를
확보하려는 움직임을 보이고 있다. 2013년 8월에는 세법개정안을
통해 기존의 소득공제 대신 세액공제를 실시함으로써 세금을 줄여
주는 대상을 축소시키려는 움직임이 있었다. 그렇기 때문에 의료비
의 소득공제에 대해서는 매년 바뀌는 제도를 꼼꼼하게 확인해야 한

다. 2013년까지의 내용과 2014년부터 새롭게 바뀌게 될 내용을 비
교함으로써 변경되는 사항을 살펴보고자 한다.

2013년 말까지의 의료비 관련 소득공제 내용

|

소득공제의 대상이 되는 금액은 총 급여의 3퍼센트를 넘는 금액이
다. 상황별로 정리해보면 다음과 같다.

의료비 소득공제 금액 = 의료비 지출액 − (총급여의 3%)

- 연봉 2,000만 원인 근로자 A가 500만 원의 의료비 지출:

  소득공제 금액 440만 원(500만 원(의료비 지출액) − 60만 원(급여의 3%))

- 연봉 3,000만 원인 근로자 B가 1,000만원의 의료비 지출:

  소득공제 금액 910만 원(1,000만 원(의료비 지출액) − 90만 원(급여의 3%))

- 연봉 4,000만원인 근로자 C가 1,500만 원의 의료비 지출:

  소득공제 금액 1,380만 원(1,500만 원(의료비 지출액) − 120만 원(급여의

  3%))

그런데 소득공제를 무제한으로 해줄 수는 없기에 일정한 한도를
정해놓고 있다. 이러한 한도가 없는 경우도 있고 한도가 정해진 경우
도 있다.

공제 한도 없이 전액 소득공제 되는 경우

근로자 본인, 65세 이상자, 장애인을 위해 지출한 의료비는 총급여액의 3퍼센트를 초과하는 금액에 대해서는 의료비 소득공제 금액에 대해 전액 소득공제가 된다.

공제 한도 700만 원인 경우

근로자가 배우자 또는 생계를 같이 하는 부양가족(소득요건·나이요건 제한 없음)을 위해 당해 연도에 지출한 의료비에 대해서는 한도가 700만 원으로 정해져 있다. 즉, 소득공제 대상 금액이 1,000만 원이라 할지라도 공제 한도에 걸리는 경우에는 700만 원까지만 소득공제가 가능하다는 뜻이다.

병원에서 돈을 지출했다고 해서 무조건 의료비로 인정해주고 소득공제를 해주는 것이 아니라 아래에 나열된 경우에만 소득공제를 해주는 의료비에 해당된다. 특징을 보면, 미용과 성형을 위한 비용은 제외된다. 또한 콘택트렌즈와 안경의 경우, 1인당 50만 원 한도까지는 의료비 지출로 소득공제가 가능하다는 점이다. 좀 더 자세히 살펴보면 다음과 같다.

- 진찰·진료·질병 예방을 위한 의료기관 지출액(미용·성형수술을 위한 비용 제외)
- 치료·요양을 위한 의약품(한약 포함) 구입비(건강증진을 위한 의약품 구

입비용 제외)

- 장애인보장구 구입 · 임차비용

- 의사 · 치과의사 · 한의사 등의 처방에 따른 의료기기 구입 · 임차비용

- 시력보정용 안경 · 콘택트렌즈 구입비(1명당 50만 원 이내 금액)

- 보청기 구입비

- 노인장기요양보험법 제40조 제1항에 따라 실제 의료비로 지출한 본인
  일부 부담금

〈 의료비 공제 사례 〉

구분	의료비 공제
보험회사로부터 수령한 보험금으로 지급한 의료비(선지급 후 보험금 수령)	공제대상 아님
맞벌이 배우자를 위하여 본인이 지출한 의료비(중복공제는 안 됨)	공제대상
국민건강보험공단으로부터 출산 전 진료비 지원금액('고운맘카드')	공제대상 아님
의료기관에 해당하지 않는 산후조리원에 지급한 비용	공제대상 아님
형님이 부양하는 아버지를 위해 본인이 지출한 의료비	공제대상 아님
일반응급환자이송업체 소속 구급차 이용비용	공제대상 아님
지방자치단체가 지정한 발달재활서비스제공기관에 지출한 장애인 자녀의 언어 치료비용	공제대상
외국 병원에 지출한 의료비	공제대상 아님
의료기관이 아닌 간병인에게 개인적으로 지급하는 비용	공제대상 아님
진단서 발급비용	공제대상 아님
건강기능식품 구입비용	공제대상 아님

국세청에서 2012년 11월에 발간한 〈근로자를 위한 연말정산 안내〉라는 책자에 담겨 있는 위의 내용을 통해 사례별로 소득공제 여부를 확인해볼 수 있다.

아쉬운 점은 출산에 이어지는 산후조리원 비용이나 입원에 필수적인 간병인 비용에 대해서는 의료비 공제 대상이 아니라는 점이다. 이러한 점들은 차차 개선될 것으로 기대한다.

2014년부터 적용될 의료비 관련 소득공제(세액공제) 내용

경제민주화를 실현해야 한다는 정치권의 논리에 따라 다수의 항목이 기존의 소득공제에서 세액공제로 전환되게 되었는데, 의료비 역시 여기에 포함되는 사항이다. 예를 들어 A는 연봉 1억 원인데 의료비 1,000만 원이 나오고 B는 연봉 5,000만 원인데 의료비 1,000만 원이 나왔다고 가정해보자.

- A의 소득공제 금액: 700만 원

  (의료비 1,000만 원 – 소득 3% 금액 300만 원)
- B의 소득공제 금액: 850만 원

  (의료비 1,000만 원 – 소득 3% 금액 150만 원)

- A의 세금혜택: 245만 원(소득세율 35% 가정)

• B의 세금혜택: 212만 원 (소득세율 25% 가정)

　　이처럼 A와 B는 1,000만 원이라는 같은 의료비를 지출하지만 소득을 기준으로 보면 B에게 훨씬 의료비가 부담이 된다. 그런데 세금혜택은 A가 더 많이 받는 아이러니한 상황이 벌어진다. 세액공제는 이러한 모순점을 해결하기 위한 방법으로 이해할 수 있다.

　　반면에 세액공제율이 15%라는 것은 의료비 지출금액의 15%에 대해 세금을 줄여준다는 의미다.

• A의 세금공제 혜택: 150만 원(의료비 1,000만원×세액공제 15%)
• B의 세금공제 혜택: 150만 원(의료비 1,000만원×세액공제 15%)

　　세액공제는 같은 의료비에 대해 같은 세금혜택을 얻게 되는 방식이므로 '경제민주화'를 실현시키는 방식이라 할 수 있다. 다만 아쉬운 것은 세액공제의 비율이 의료비 지출액의 15퍼센트라는 점인데, 과감하게 20~30퍼센트까지 세액공제를 해주면 더욱더 근로자의 부담을 줄여줄 수 있지 않았을까 하는 아쉬움이 있다.

• 의료비를 지출하면 소득공제가 된다.
• 2013년까지는 소득공제, 2014년부터 세액공제 방식이 적용된다.
• 하지만 산후조리원과 간병인 비용은 소득공제 되지 않는다.

노인장기요양보험

노인장기요양 보험이란 2008년 7월 1일부터 시행된 제도로 거동이 불편해 스스로의 힘으로는 일상생활이 힘든 65세 이상 노인과 치매와 중풍 등으로 일상생활이 불편한 노인 가정을 수발 도우미가 직접 방문하거나 전문시설에 입원시켜 병간호를 해주는 제도를 말한다.

〈 연령대별 인지기능 저하 비율 〉　　(단위: %)

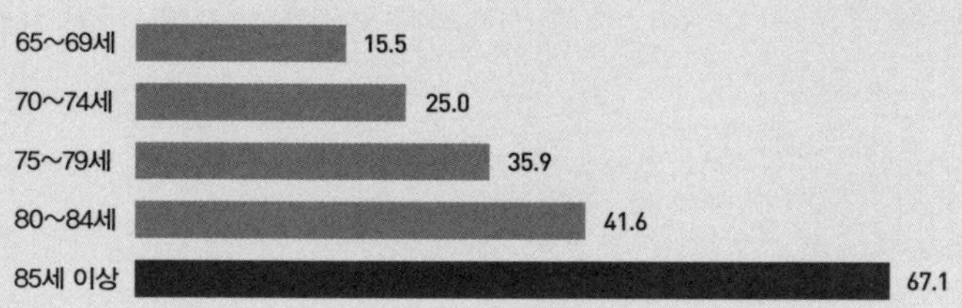

신청자격(소득에 관계없이 건강보험 가입자 또는 부양자)

- 65세 이상 또는 65세 미만이지만 노인성 질환(치매/뇌혈관성 질환/파킨슨병)을 앓고 있는 경우
- 다른 사람의 도움 없이는 일상생활이 어려운 경우

노인 장기요양보험의 자기부담금제도

- 당해 장기요양 급여비용 중에서 시설급여의 경우 20퍼센트, 재가급여의 경우 15퍼센트를 본인이 부담해야 함
- 국민건강보험공단에 따르면 시설급여의 총 본인부담금은 평균 48만 5,000원 수준이고 최대 129만 원의 본인부담금이 발생하기도 했음

  (노인장기요양보험 본인부담 실태조사 참조, 2010년)

〈 노인장기요양보험 신청자격 〉

구분	심신의 상태	장기요양 인정점수
장기요양 1등급 (최중증)	● 일상생활에서 전적으로 다른 사람의 도움이 필요 ● 거의 움직이지 못하고 누워 있는 상태 　－ 식사, 옷입기, 씻기 등의 신체활동에 다른 사람의 완전한 도움 필요 　－ 중증 치매로 기억, 판단력이 흐려져 주위사람들에게 문제 행동을 자주 보이는 상태	95점 이상
장기요양 2등급 (중증)	● 일상생활에서 상당부분 다른 사람의 도움이 필요 　－ 먹고, 입고, 씻는 등의 일상생활의 기본 행동을 할 때 다른 사람의 완전한 도움이 필요한 상태 　－ 치매로 기억, 판단력이 흐려져 주위사람들에게 문제 행동을 가끔 보이는 상태	75점 이상 ～ 95점 미만
장기요양 3등급 (중등증)	● 일상생활에서 부분적으로 다른 사람의 도움이 필요 　－ 먹고, 입고, 씻는 등의 일상행활의 기본적인 행동에 다른 사람의 부분적인 도움을 받아야 가능 　－ 가사일이나 집밖의 활동을 할 때 다른 사람의 도움을 받아야 하는 상태	53점 이상 ～ 75점 미만

의료비엔 세일이 없다

수요와 공급의 법칙에 대하여 잘 알고 있을 것이다. 수요가 많은데 공급이 부족해서 제품이 귀해지면 가격이 오르고, 수요가 없는데 공급이 넘쳐나서 제품이 흔해지면 가격은 내려간다는 단순하면서도 강력한 경제 법칙이다. 의료 서비스에도 이러한 수요와 공급의 법칙이 적용될 수 있을까? 그리고 병원비에 세일이 있을까? ○○병원에서 "오늘부터 입원하시는 환자분들께는 20퍼센트 할인해서 진료를 해드립니다"라는 이야기를 들어본 적이 없을 것이다. 그 까닭은 무엇일까?

수요와 공급의 법칙이 무시되는 분야다

일반적인 경제학 법칙에 따르면 사고자 하는 수요가 많으면 제품의 가격은 올라가고, 반대로 수요가 적으면 제품의 가격은 내려가는 것을 기본 원칙으로 하고 있다. 각 개인은 제품의 가격이 오르면 사지 않고, 내리면 구매하는 합리적인 판단을 하는 존재이다. 그런데 이상하게도 의료비에 대해서는 이러한 수요와 공급의 법칙이 철저하리만큼 무시되고 있다.

제품이 비싸면 사지 않는 것이 보통인데, 의료 서비스에서는 그 서비스를 사지 않게 되면 어떻게 될까? 계속 아프거나 죽게 된다. 환자 입장에서는 가격이 비싸고 싸고의 문제가 아닌 살고 죽고의 문제이기 때문에 의료 서비스의 가격에 대해 비싼지, 싼지를 논할 위치에 서지 못한다. 그리고 의사가 검사를 해보자고 하는데, "검사 안 받을 겁니다. 이거 다 병원에서 쓸데없이 검사를 많이 해서 이익을 취하려는 거 제가 모를 줄 아십니까?"라고 반박할 수도 없다. 피 뽑아보자면 얌전히 팔을 내밀어 피를 뽑아야 하고, X레이 검사하자면 차가운 장비에 몸을 밀착시켜야 한다. 제품이 필요한지 불필요한지, 가격이 비싼지 안 비싼지를 논할 수 없는 것이 바로 의료 서비스의 현실이다.

《병원장사》라는 책에는 병원들이 상업화되어가는 현상에 대해 날카롭게 비판한 내용이 있는데, 다음은 그 내용의 일부이다.

"의사들의 수술 유도는 어떻게 풀이할 수 있을까? 의료계의 한 관계자는 이렇게 설명했다. "대부분의 병원, 심지어 지방 의료원이나 국립대학병원에서도 '매출'을 늘리는 의사에게 일정한 인센티브를 제공한다. 일반 병원도 크게 다르지 않다. 의사들로서는 환자를 그냥 돌려보내는 것보다 검사라도 하나 더 받게 하는 것이 병원 매출에 도움이 되고, 자신의 인센티브도 올리는 길이 된다."

(《병원장사》, 김기태 저, 씨네21북스, 29쪽)

치료행위에 대해 가격을 결정하는 것도 병원, 내가 어떤 치료를 받아야 하는지를 결정해주는 곳도 병원, 내가 어떤 검사를 어떻게 받아야 하는지도 모두 병원이 결정해준다. 환자와 보호자의 주된 임무는 '수납'일 뿐이다. 물건을 거래하는 것이 아니라 '건강과 생명'이 달려 있기에 그러한 것인데 다행히 포괄수가제나 건강보험심사평가원의 활동을 통해 불필요한 진료 또는 과잉 진료는 점차 줄어들 수 있을 것으로 기대된다.

돈 되는 진료과목에 의사들이 모여든다

의사들 입장에서는 생명을 다루는 흉부외과, 내과, 산부인과 등의 진료과목은 점점 부담스러워하고 있다. 나라에서는 포괄수가제를 통해 같은 증상이면 같은 가격을 적용하는 일종의 '공동구매'를 실시하고 있고, 치료과정에서 약간이라도 잘못되면 바로 의료과실, 소송이

이어지기 때문이다. 그래서 의대에서 상위권에 속하는 학생들은 돈도 잘 벌 수 있고, 의료과실의 부담도 적은 치과, 피부과, 성형외과 등에 많이 지원하고 있다. 어떤 중소도시에서는 산부인과가 없어 옆 도시로 원정 출산을 가야 하는 상황이 벌어지기도 한다.

생명과 직결되는 질병을 치료해줄 의사도 병원도 줄어들고 있는 상황인데, 병원이 의료비를 낮추어줄 이유가 있을지 모르겠다. 포괄수가제로 해당 질병들의 가격은 묶여 있는데 말이다. 잠시만 생각해보면 의사나 병원에서 의료비를 낮춰줄 이유가 전혀 없으리라는 것을 짐작할 수 있다.

비싼 사치품은 해외에서 면세로 사거나 백화점 할인 기간에 장만할 수 있지만 의료 서비스는 그러한 성질의 것이 아니다. 무조건 아프면 나만 손해인 것이다.

(*이 내용은 《병원 장사》를 집필한 김기태 저자와 이메일로 의견을 나눈 것을 바탕으로 정리한 것입니다. 혹시 오류가 발견된다면 그것은 전적으로 내용 정리를 제대로 하지 못한 필자에게 책임이 있습니다.)

- 의료비는 오를 수밖에 없는 구조를 갖고 있다.
- 아프면 나만 손해다.
- 의료 서비스에 할인은 없다.

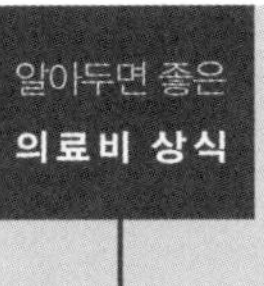

보험회사가
보장해주지 않는 경우

보험에 가입하고 질병이나 사고를 당하면 약속된 대로 금액(보험금)을 지급하는 것이 보험 계약의 가장 기본임에도 불구하고 보험회사에서 전혀 보장해주지 않는 경우가 있다. 예를 들면 언론을 통해 가끔 나오는 '보험금을 노리고'라는 수식이 붙는 행위가 그러하고, 이미 본인에게 어떠한 질병이 있음에도 불구하고 "전 그런 질병이 없었는데, 어쩌다 우연히 검사해보니 해당 질병이 발견되었습니다"라고 하는 경우가 그러하다. 특히 외모 개선의 목적인 경우에는 야박할 정도로 보험회사가 세세하게 정리해놓았다.

고의로 보험금을 타려는 경우

① 보험수익자, 계약자, 피보험자(보험대상자)의 고의

특히 피보험자(보험대상자)가 입원 또는 통원기간 중 정당한 이유 없이 의사의 지시를 따르지 아니한 때에 그로 인하여 악화된 부분

보험회사가 보장할 필요가 없는 의료비로 판단하는 경우

① 치과치료, 한방치료에서 발생한 국민건강보험법상 요양급여에 해당하지 않는 비급여 의료비

② 국민건강보험법상 요양급여 중 본인부담금의 경우 국민건강보험 관련 법령에 의해 국민건강보험공단으로부터 사전 또는 사후 환급이 가능한 금액(본인부담금 상한제)

③ 의료급여법상 의료급여 중 본인부담금의 경우 의료급여 관련 법령에 의해 의료급여기금 등으로부터 사전 또는 사후 환급이 가능한 금액(의료급여법상 본인부담금 보상제 및 본인부담금 상한제)

④ 건강검진, 예방접종, 인공유산: 단, 보험회사가 보상하는 질병 또는 상해의 치료를 목적으로 하는 경우에는 보상함

⑤ 영양제, 종합비타민제, 호르몬 투여, 보신용 투약, 친자 확인을 위한 진단, 불임검사, 불임수술, 불임복원술, 보조생식술(체내, 체외인공수정을 포함), 성장촉진과 관련된 비용 등에 소요된 비용. 단, 회사가 보상하는 질병 또는 상해의 치료를 목적으로 하는 경우에는 보상.

⑥ 의치, 의수족, 의안, 안경, 콘택트렌즈, 보청기, 목발, 팔걸이(Arm Sling), 보조기 등 진료재료의 구입 및 대체비용. 단, 인공장기 등 신체에 이식되어 그 기능을 대신할 경우에는 제외.

⑦ 외모개선 목적의 치료로 인하여 발생한 의료비

　가. 쌍꺼풀수술(이중검수술), 코성형수술(융비술), 유방확대·축소술, 지방흡입술, 주름살제거술 등

　나. 사시교정, 안와격리증의 교정 등 시각계 수술로써 시력개선 목적이 아닌 외모개선 목적의 수술

다. 안경, 콘텍트렌즈 등을 대체하기 위한 시력교정술

라. 외모개선 목적의 다리정맥류 수술

마. 그 외 외모개선 목적의 치료로 건강보험 비급여대상에 해당하는 치료

⑧ 진료와 무관한 제비용(TV시청료, 전화료, 제증명료 등), 의사의 임상적 소견과 관련이 없는 검사비용, 간병비

⑨ 국민건강보험법 제42조의 요양기관이 아닌 해외 소재 의료기관에서 발생한 의료비

질병입원 또는 질병통원으로 보지 않는 경우

① 정신과질환 및 행동장애

② 여성생식관의 비염증성 장애로 인한 습관성 유산, 불임 및 인공수정관련 합병증

③ 임신, 출산(제왕절개를 포함), 산후기

④ 선천성 뇌질환

⑤ 비만

⑥ 비뇨기계 장애

⑦ 직장 또는 항문질환 중 국민건강보험법상 요양급여에 해당하지 않는 부분

단순 증상으로 판단하여 보상하지 않는 경우

① 아래에 열거된 치료로 인하여 발생한 의료비

가. 단순한 피로 또는 권태

나. 주근깨, 다모, 무모, 백모증, 딸기코(주사비), 점(모반), 사마귀, 여드름, 노화현상으로 인한 탈모 등 피부질환

다. 발기부전(impotence), 불감증, 단순 코골음, 단순포경(phimosis), 국민건

강보험 요양급여의 기준에 관한 규칙 제9조 제1항([별표2]비급여대상)에

의한 업무 또는 일상생활에 지장이 없는 검열반 등 안과질환

② 산재보험에서 보상받는 의료비. 다만, 본인부담의료비는 약관에 따라 보상함

③ 인간면역바이러스(HIV)감염으로 인한 치료비(다만, 의료법에서 정한 의료인의

진료상 또는 치료중 혈액에 의한 HIV감염은 해당진료기록을 통해 객관적으로 확인되는

경우는 제외)

상해입원 / 상해통원으로 보지 않는 경우

① 피보험자(보험대상자)의 임신, 출산(제왕절개를 포함), 산후기

다만, 보험회사가 보상하는 상해의 치료를 목적으로 하는 경우에는 보상함.

② 전쟁, 외국의 무력행사, 혁명, 내란, 사변, 폭동

위험활동으로 인한 사고로 보아 보상하지 않는 경우

① 전문등반(전문적인 등산용구를 사용하여 암벽 또는 빙벽을 오르내리거나 특수한 기술,

경험, 사전훈련을 필요로 하는 등반), 글라이더 조종, 스카이다이빙,스쿠버다이

빙, 행글라이딩, 수상보트, 패러글라이딩

② 모타보트, 자동차 또는 오토바이에 의한 경기, 시범, 흥행(이를 위한 연습을 포

함) 또는 시운전(다만, 공용도로상에서 시운전을 하는 동안 발생한 상해는 보상)

③ 선박승무원, 어부, 사공, 그 밖에 선박에 탑승하는 것을 직무로 하는 사람이

직무상 선박에 탑승

지금부터 차근차근 준비하자

사람들과 상담을 시작하기 전에 필자는 항상 속으로 "You will thank me later"라는 말을 하게 된다. "나중에 저한테 감사하게 될 겁니다"라는 의미인데, 현재 상태에 머물러 있지 않고 무언가 새로운 액션을 요구하고 재정상태의 문제점을 파악해서 알려주면 대부분의 사람들은 심기 불편해한다. "당신에게는 이러이러한 문제가 있으니 이렇게 고쳐야 한다"는 말을 듣기 좋아할 사람은 없다. 하지만 필자는 입에 쓴 약이 몸에는 좋다는 신념으로 조언을 결코 멈추지 않는다.

독자 여러분들이 어떠한 목적으로 이 책을 선택했는지 다 알 수는 없다. 하지만 '의료통장'이라는 제목에 흥미를 갖고 선택했을 것이라는 예측은 해볼 수 있다. 그런데 책의 초반부터 무서운 내용이 나온다. 암에 관한 통계자료를 보여주질 않나, 또 보험 이야기를 하는 데 거침이 없다. 게다가 대부분이 빠듯한 수입으로 생활하고 있을 텐데, 적금도 들어야 한다고 하니 책을 읽는 내내 답답했을지 모른다. 단순해 보이는 그래프 하나를 그려놓고, 이렇게 의료통장을 준비해야 한다고 강조하는 내용을 보며 '역시 돈 이야기인가' 싶었을 것이고 '보험에 들어야 한다는 말이네'라고 생각했을 것이다.

그럼에도 불구하고 처음부터 마지막까지 의료통장의 필요성에 대하여 강조하는 이유는 앞으로는 의료통장을 준비하지 않으면 안 되는 시대이기 때문이다. 서두에서도 말했지만 급증하는 의료비와 급속한 고령화 사회 진입으로 메디푸어는 심각한 사회 문제를 가져올 것이다.

죽음과 세금은 피할 수 없다 하지 않던가. 피하고 싶은 순간에 경제적으로 준비가 되어 있지 않다면 더욱 비참해질 수밖에 없다. 요즘 케이블 TV나 종합편성채널(종편)의 광고시간에 나오는 대부분의 보험들이 '치료비'보다는 '장례비'라도 자녀에게 부담 지우기 싫다는 부모님들의 마지막 부성애와 모성애를 자극하고 있다.

나중에 의료비 지출이 많아지는 시점에 어떤 사회가 될지 아무도 모른다. 하지만 필자가 확실하게 말할 수 있는 것은 효도의 개념이 앞으로는 많이 바뀔 것이라는 점이다. 베이비붐 세대가 부모에게 효도를 하는 마지막 세대가 될지 모른다. 지금의 젊은 세대는 부모는 부모대로 자녀는 자녀대로 각자 살길과 의료비를 마련해야 할 것이다. 앞으로는 더욱 그러하지 않겠는가.

　마지막으로 독자 여러분이 지금 당장이 아닌 3, 40년 후 지금부터 준비한 의료통장으로 의료비 걱정 없이 건강하고 행복하기 바란다.

의료통장 마련을 위한 세대별 포트폴리오

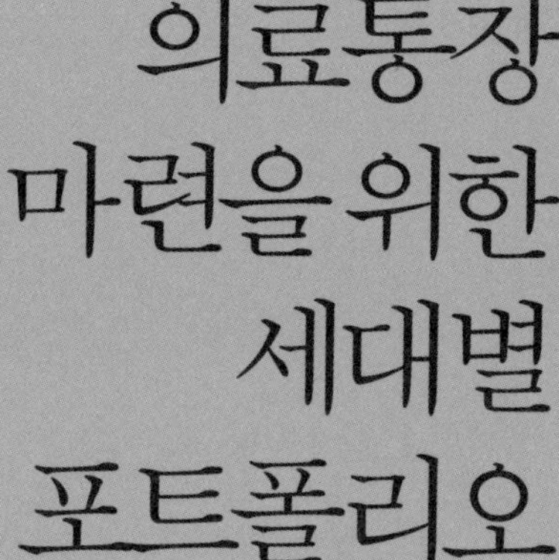

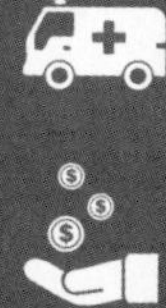

Bank

재테크 서적을 읽은 독자들도, 강연회나 강의를 들은 수강생들도 공통적으로 하는 질문이 있다. "그래서 어떻게 하면 좋을까요?"이다. 사실 이 질문에 대한 답이 쉽지는 않다. 왜냐하면 사람에 따라 각각의 자산 현황과 수입 현황을 개별적으로 분석해야 정확한 답을 얻을 수 있기 때문이다. 그렇기에 최초 '의료통장'을 기획하고 집필할 때에는 세대별 포트폴리오는 하지 않으리라고 나름대로 결심했었다.

그러던 어느 날 마치 원효대사가 동굴 속에서 해골바가지를 통해 깨달음을 얻었던 것처럼 저자 역시 한밤중에 집필을 하다가 깨달음을 얻었다. 배가 고파서 짬뽕라면을 끓이던 중 봉지에 적혀 있는 "기호에 따라 각종 해물 및 숙주 등을 넣어 드시면 더욱 맛이 좋습니다"라는 글귀가 나에게는 해골바가지 역할을 해주었던 것이다. "그래, 기준이 되는 포트폴리오를 제시하고 각자 자신의 상항에 맞게 응용하면 그게 바로 정답"이라는 깨달음을 얻었다.

필자가 제안하는 세대별 표준안은 다음과 같다. 라면을 끓일 때 계란, 해물 등 기호에 맞게 첨가하여 맛을 더 좋게 하는 것처럼 표준안을 응용하여 자신만의 포트폴리오를 구성하기 바란다.

20대 남성이라면

20대 남성이라면 결혼하지 않고 부모님과 함께 살고 있는 경우가 많다. 그렇기에 특별히 비싼 취미를 가지고 있지 않은 이상 본인이 결정할 수 있는 일명 가처분소득이 가장 높은 동시에 월급을 통해 결혼 준비를 해야 하는 상황이라 할 수 있다. 기본적으로 생활비(교통비, 휴대폰비용, 의류 및 도서 구매비용), 취미활동, 데이트비용이 월급의 30퍼센트를 차지한다고 가정하고 포트폴리오를 구성한다.

〈 월평균 실 수령액 200만 원인 경우 〉 (단위: 만 원)

기본항목	세부항목	비중	금액
기본생활비	생활비/데이트/취미 등	30%	60
종자돈마련	적금	20%	40
	적립식 펀드	20%	40
	예비비	2%	4
소득(세액)공제&비과세	재형저축/연금저축 등	10%	20
미래대비	개인연금	5%	10
의료통장	종신(정기)보험	7%	14
	실손(손해)보험	2%	4
	의료비 적금	4%	8
합계		100%	200

[참고사항]

▶ 자동차를 사고 싶다거나 여행을 가고 싶다면 기본생활비를 아껴서 해결해야 한다.

▶ 월급의 절반 정도는 종자돈 마련에 투입하여 결혼(주택)자금에 대비한다.

▶ 재형저축/장기펀드 등의 소득(세액)공제 상품으로 절세를 준비한다.

▶ 개인연금은 급여가 올라감에 따라 상향조정하는 것으로 계획해본다.

▶ 의료통장은 보험과 적금으로 준비한다.

〈 월평균 실 수령액 400만 원인 경우 〉 (단위: 만 원)

기본항목	세부항목	비중	금액
기본생활비	생활비/데이트/취미 등	30%	120
종자돈마련	적금	20%	80
	적립식 펀드	20%	80
	주식투자	5%	20
	예비비	3%	12
소득(세액)공제&비과세	재형저축/연금저축 등	10%	40
미래대비	개인연금	5%	20
의료통장	종신(정기)보험	4%	16
	실손(손해)보험	1%	4
	의료비 적금	2%	8
합계		100%	400

[참고사항]

▶ 기본생활비를 넉넉하게 할당했으므로 카드값 등은 월급의 30% 이내에서 해결해보자.

▶ 종자돈 마련 항목에서 주식투자를 많지도 적지도 않게 5% 할당해보았다.

▶ 나머지 사항은 앞서 제시된 포트폴리오 제안과 동일하다.

20대 여성이라면

20대 여성은 20대 남성과 마찬가지로 아직 결혼 전인 사람이 많고 따로 독립해서 생활하는 경우가 많다. 그리고 남성이 결혼에 대비해 주택마련비용을 준비해야 하는 부담이 있듯이 결혼을 계획한다면 기초적인 혼수비용 등 결혼자금도 준비해놓아야 하는 부담이 있다. 기본 가정은 20대 싱글 남성에 비해 생활비가 좀 더 필요하고 종자돈 마련의 부담은 좀 더 적은 것으로 했다.

〈 월평균 실 수령액 200만 원인 경우 〉 (단위: 만 원)

기본항목	세부항목	비중	금액
기본생활비	생활비/데이트/취미 등	40%	80
종자돈마련	적금	10%	20
	적립식 펀드	20%	40
	예비비	3%	6
소득(세액)공제&비과세	재형저축/연금저축 등	10%	20
미래대비	개인연금	5%	10
의료통장	종신(정기)보험	5%	10
	실손(손해)보험	3%	6
	의료비 적금	4%	8
합계		100%	200

〈 월평균 실 수령액 400만 원인 경우 〉 (단위: 만 원)

기본항목	세부항목	비중	금액
기본생활비	생활비/데이트/취미 등	40%	160
종자돈마련	적금	10%	40
	적립식 펀드	20%	80
	예비비	8%	32
소득(세액)공제&비과세	재형저축/연금저축 등	10%	40
미래대비	개인연금	5%	20
의료통장	종신(정기)보험	3%	12
	실손(손해)보험	2%	8
	의료비 적금	2%	8
합계		100%	400

[참고사항]

▶ 명품가방, 고급 화장품 등은 기본생활비로 해결해야 한다.

▶ 안정성을 중시하는 여성의 특성을 반영하여 주식투자 항목은 삭제했다.

▶ 여성은 실손(손해)보험의 비중이 20대 남성에 비해 높아 보이겠지만 그렇지 않다.

30대 남성이라면

30대 남성부터는 기본적인 생활비를 줄여야 하는 시기다. 기혼인 경우는 당연하고, 미혼이라 하더라도 월급을 사용할 때 지금 당장의 즐거움보다는 미래를 대비해야 하는 시기가 시작되기 때문이다. 그리고 대출이자 등 주택비용도 포함시켰다. 매매 또는 전세자금 대출이나 월세지급액 등이 여기에 포함된다.

〈 월평균 실 수령액 300만 원인 경우 〉 (단위: 만 원)

기본항목	세부항목	비중	금액
기본생활비	생활비/데이트/취미 등	15%	45
	대출이자 등 주택비용	15%	45
종자돈마련	적금	20%	60
	적립식 펀드	20%	60
	예비비	1%	3
소득(세액)공제&비과세	재형저축/연금저축 등	10%	30
미래대비	개인연금	10%	10
의료통장	종신(정기)보험	4%	12
	실손(손해)보험	2%	6
	의료비 적금	3%	9
합계		100%	300

[참고사항]

▶ 기본생활비 총 90만 원 이내에서 생활비와 주택비용을 해결하는 것으로 구성했다.

▶ 만일 주택비용이 발생하지 않을 경우 적금과 적립식 펀드에 분산하여 넣도록 한다.

▶ 기본생활비가 부족한 경우, 종자돈 마련 항목의 일부를 축소하여 대응하도록 한다.

▶ 소득(세액)공제, 미래대비, 의료통장 등은 반드시 지켜내야 할 항목이다.

〈 월평균 실 수령액 500만 원인 경우 〉 (단위: 만 원)

기본항목	세부항목	비중	금액
기본생활비	생활비/데이트/취미 등	20%	100
	대출이자 등 주택비용	15%	75
종자돈마련	적금	15%	75
	적립식 펀드	20%	100
	주식투자	5%	25
	예비비	3%	15
소득(세액)공제&비과세	재형저축/연금저축 등	10%	50
미래대비	개인연금	5%	25
의료통장	종신(정기)보험	4%	20
	실손(손해)보험	1%	5
	의료비 적금	2%	10
합계		100%	500

[참고사항]

▶ 주택비용이 발생하지 않는다면 종자돈 마련 항목에 투입하도록 한다.

▶ 예비비는 향후 창업 또는 인생의 주요 이벤트를 위해 조금씩 모아두는 것으로 한다.

▶ 소득에 비해 개인연금의 비중이 높은 것은 아니므로 최소한의 기준이라 생각하자.

▶ 의료통장 역시 소득 수준을 고려해서 포트폴리오를 구성해놓았다.

30대 여성이라면

30대 여성은 싱글로 살 것을 결심한 경우 기본적인 생활비에 더해 추가적인 노후 준비와 의료통장 준비가 필요하다. 기혼의 경우 생활비 부담이 줄어들면서 개인에게 사용할 수 있는 자금에 여유가 생기게 된다. 이를 기준으로 포트폴리오를 구성해보면 다음과 같다.

〈 월평균 실 수령액 300만 원인 경우 〉 (단위: 만 원)

기본항목	세부항목	비중	금액
기본생활비	생활비/데이트/취미 등	15%	45
	전세대출/월세 등 주택비용	15%	45
종자돈마련	적금	15%	45
	적립식 펀드	15%	45
	예비비	1%	3
소득(세액)공제&비과세	재형저축/연금저축 등	10%	30
미래대비	개인연금	20%	60
의료통장	종신(정기)보험	4%	12
	실손(손해)보험	2%	6
	의료비 적금	3%	9
합계		100%	300

[참고사항]

▶ 위 포트폴리오는 미혼 기준으로 작성하였다.

▶ 개인연금에 비중을 두어 본인 스스로 미래를 위한 자금으로 준비하도록 했다.

▶ 독립생활 1인 가구를 기준으로 전세/월세 등의 주택비용을 산정했다.

▶ 부모와 함께 사는 경우, 주택비용은 적금과 적립식 펀드로 투자하는 것이 바람직하다.

▶ 종신/정기보험은 만일의 사태에 대비하여 목돈을 준비시키는 역할을 한다.

〈 월평균 실 수령액 500만 원인 경우 〉 (단위: 만 원)

기본항목	세부항목	비중	금액
기본생활비	생활비/데이트/취미 등	15%	75
	전세대출/월세 등 주택비용	15%	75
종자돈마련	적금	15%	75
	적립식 펀드	20%	100
	예비비	9%	45
소득(세액)공제&비과세	재형저축/연금저축 등	10%	50
미래대비	개인연금	10%	50
의료통장	종신(정기)보험	3%	15
	실손(손해)보험	1%	5
	의료비 적금	2%	10
합계		100%	500

[참고사항]

▶ 생활비 포함하여 주택비용까지 매월 150만 원 이내에서 해결하는 것으로 계획했다.

▶ 200만 원 정도의 규모로 종자돈을 마련하고 매월 50만 원의 개인연금으로 구성했다.

▶ 의료통장을 보강하여 혹시 모를 일에 대비하고자 했다.

4050 남성이라면

4, 50대 남성의 경우 급여는 이전보다 많아지는 동시에 미래에 대한 대비가 코앞에 닥친 시기라 할 수 있다. 30대까지는 본인을 위한 소비를 한 시기였다면 40대부터는 가족을 위한 소비와 주택대출과 같이 부동산에 필요한 자금 지출이 주를 이루게 되는 시기다.

〈 월평균 실 수령액 500만 원인 경우 〉 (단위: 만 원)

기본항목	세부항목	비중	금액
기본생활비	생활비/교육비	30%	150
	은행대출 등 주택비용	15%	75
종자돈마련	적금	10%	50
	적립식 펀드	10%	50
	예비비	5%	25
소득(세액)공제&비과세	재형저축/연금저축 등	5%	25
미래대비	개인연금	15%	75
의료통장	종신(정기)보험	4%	20
	실손(손해)보험	1%	5
	의료비 적금	5%	25
합계		100%	500

[참고사항]

▶ 급여의 절반은 생활비/교육비/주택자금으로 사용되는 것으로 가정하였다.

▶ 종자돈 마련은 퇴직 이후의 생활을 미리 대비하는 용도로 활용되도록 하였다.

▶ 의료통장은 가능한 한 지켜야 한다.

▶ 주식투자는 예비비를 활용한다.

〈 월평균 실 수령액 800만 원인 경우 〉   (단위: 만 원)

기본항목	세부항목	비중	금액
기본생활비	생활비/교육비	20%	160
	전세대출/월세 등 주택비용	10%	80
종자돈마련	적금	15%	120
	적립식 펀드	15%	120
	예비비	13%	104
소득(세액)공제&비과세	재형저축/연금저축 등	5%	40
미래대비	개인연금	15%	120
의료통장	종신(정기)보험	3%	24
	실손(손해)보험	1%	8
	의료비 적금	3%	24
합계		100%	800

[참고사항]

▶ 주택비용을 포함한 생활비와 교육비는 총 240만 원 이내가 되는 것이 좋다.

▶ 종자돈 마련과 의료통장은 되도록 지켜져야 할 항목이다.

▶ 개인연금에 많은 비중을 투입하여 현재의 생활수준을 유지할 수 있게 준비한다.

4050 여성이라면

4, 50대 여성의 경우 직장에서 강압적으로 퇴사를 종용하는 분위기도 있고 자녀교육으로 인해 자발적으로 직장을 그만두는 경우도 있다. 하지만 각자의 일터에서 능력을 발휘하며 근무하고 있는 여성도 많다. 이들을 위한 포트폴리오는 다음과 같이 구성해보았다.

〈 월평균 실 수령액 500만 원인 경우 〉 (단위: 만 원)

기본항목	세부항목	비중	금액
기본생활비	생활비/교육비	20%	100
	은행대출 등 주택비용	10%	50
종자돈마련	적금	20%	100
	적립식 펀드	15%	75
	예비비	5%	25
소득(세액)공제&비과세	재형저축/연금저축 등	5%	25
미래대비	개인연금	14%	70
의료통장	종신(정기)보험	4%	20
	실손(손해)보험	2%	10
	의료비 적금	5%	25
합계		100%	500

[참고사항]

▶ 기본생활비는 배우자가 부담하는 것으로 가정하여 최소한의 금액만 산정했다.

▶ 급여 중 200만 원은 종자돈을 마련하여 개인적인 용도로도 활용 가능하도록 한다.

▶ 개인연금은 가족이 아닌 개인을 위해 준비하는 것으로 구성했다.

▶ 의료통장은 60세 이후를 대비할 수 있도록 준비했다.

〈 월평균 실 수령액 800만 원인 경우 〉 (단위: 만 원)

기본항목	세부항목	비중	금액
기본생활비	생활비/교육비	15%	120
	전세대출/월세 등 주택비용	10%	80
종자돈마련	적금	20%	160
	적립식 펀드	20%	160
	예비비	12%	96
소득(세액)공제&비과세	재형저축/연금저축 등	5%	40
미래대비	개인연금	10%	80
의료통장	종신(정기)보험	3%	24
	실손(손해)보험	2%	16
	의료비 적금	3%	24
합계		100%	800

[참고사항]

▶ 기본생활비는 최소 수준으로 책정했다.

▶ 급여의 절반 이상은 종자돈 마련에 투입되어 본인의 미래를 대비하도록 구성했다.

▶ 개인연금은 본인의 노후생활을 준비할 수 있도록 10% 선에서 구성했다.

▶ 의료통장은 60세 이후의 삶을 안정적으로 지속할 수 있도록 구성했다.

작은 돈으로 큰 병 막는 **의료통장**

초판 1쇄 인쇄 2013년 9월 23일 **초판 1쇄 발행** 2013년 9월 30일

지은이 우용표
펴낸이 연준혁

출판 2분사 분사장 이부연
책임편집 박경순
디자인 윤정아
제작 이재승

펴낸곳 (주)위즈덤하우스 **출판등록** 2000년 5월 23일 제13-1071호
주소 (410-380) 경기도 고양시 일산동구 장항동 846번지 센트럴프라자 6층
전화 031)936-4000 **팩스** 031)903-3893 **홈페이지** www.wisdomhouse.co.kr
종이 월드페이퍼 **인쇄·제본** (주)현문 **후가공** 이지앤비

값 13,000원   ISBN 978-89-6086-618-8 13320

＊잘못된 책은 바꿔드립니다.
＊이 책의 전부 또는 일부 내용을 재사용하려면 반드시
  사전에 저작권자와 (주)위즈덤하우스의 동의를 받아야 합니다.

국립중앙도서관 출판시도서목록(CIP)

(작은 돈으로 큰 병 막는) 의료통장 / 지은이: 우용표. -- 고양 : 위즈
덤하우스, 2013
    p. ; cm

ISBN 978-89-6086-618-8 13320 : ₩13000

투자 금융[投資金融]
통장[通帳]
노후 자금[老後資金]

327.8-KDC5
332.6-DDC21   CIP2013017932